新時代の防災術

キャンプ × 防災のプロが教える

アウトドアのスキルと道具で
家族と仲間を守る！

監修：寒川 一（アウトドアライフアドバイザー）

EW ERA BOUSAI TECHNIQUES

地震

台風

水害

新時代の防災が必要な理由

　2011年の東日本大震災から10年。その間、地震のみならず大雨、洪水、猛暑、大雪…といった自然災害が頻発し、もはや災害は特別なことではなくなりました。そして現在、世界に蔓延している感染症（新型コロナウイルス）は我々人類が新たに直面している大災害のひとつといえます。

　災いは起こるのを防げるものではなく、いかにそれと向き合い付き合っていくか、つまり対処法が問われています。そんな中で今、アウトドアライフが見直されています。ライフラインのない（もしくは最小限の）自然の中で衣食住を組み立て、暮らしそのものを楽しむキャンプ。

　考え抜かれた道具類は生活を助けるだけでなく、ちょっとした不便さがかえって心の豊かさを与えてくれます。そしてその独立した形態は、集団生活が難しい状況もあり得る、これからの避難スタイルにぴったりだと思うのです。

　物を備える防災から、生きるための技術や知識が備わるものへ。救援を待つ受身から、能動的に衣食住を得ていくスタイルにシフトしませんか。ひとりでも多くの方が自立できるスタイルになればその分、できない方が助かります。自分たちがそうすることで、地域や社会全体の負荷の軽減につながると思うのです。

2021年2月　アウトドアライフアドバイザー　寒川 一
<small>さんがわ はじめ</small>

新しい防災を始めよう！

火をおこせるナイフ、小型浄水器、焚き火でも使えるケトル
など、キャンプ道具があれば身近な自然から飲料水を得る
ことができます。これで生き延びられるとしたら、これらの
道具や技術のことを真剣に知りたいですよね。本書では、よ
り実践的で具体的な生きる術をわかりやすくお伝えします。
さあ、一緒に新しい防災を始めましょう。

CONTENTS

序章 PROLOGUE
災害時の心構えと備え

1章 CHAPTER.1
火と水の確保

2章 CHAPTER.2
道具とスキル

3章 CHAPTER.3
避難シュミレート

>>> **4章** CHAPTER.4
食事のアイデア

序章
PROLOGUE

災害時の
心構えと備え

突然やってくる災害だからこそ、事前の備えが肝心です。
そして事前の備えは、防災グッズや非常食を揃えておくよ
うな、物理的なことばかりでは足りません。どういった備
えが必要なのか、心構えとともに整えておきましょう。

ポジティブな心構えで備えよう

まず、いずれやってくる災害に対して、心構えから備えておきましょう。災害に慌てず、冷静に対処できるようになるには、道具を使いこなうスキルとポジティブなメンタルが大切です。

「使える」道具を用意しよう

ホームセンターや通販で購入できる防災グッズを買って、災害への備えができたと思っていたとしたら、それは大きな間違いです。災害が起きてからいざ防災グッズに頼ろうと思っても、実際に使ってみたことがない物で非常時に何ができるのでしょう。災害への備えとは、道具を揃えておくことではなく、それらの道具を使いこなして「非常時に何ができるか」が大切なのです。そのためには、普段から道具に慣れておくことが重要です。キャンプは道具に慣れる絶好の機会といえます。

キャンプ体験で非常時も前向きになれる

ただし、実際に災害が起きれば、普段のキャンプのようにはいきません。災害もさまざまで、自宅への被害がなく一時的な停電ですむような場合もあれば、街全体が崩壊してしまうようなことがあるかもしれません。しかし、非常時こそ前向きに臨む心構えが必要です。避難生活は楽しいキャンプとは異なります。でも、ライフラインの限られた環境で生活する体験ができるキャンプは、非常時において自分や家族、そして周囲の仲間を守ることの訓練となります。趣味としてキャンプを楽しむことが災害への備えになると思えば、災害に怯えて物を備蓄しているだけよりもずっとポジティブですよね。そうした心構えやスキルがあれば、非常時においてもそのときどきで臨機応変に対応できるはずです。

新しい避難スタイル

地震や津波と違って異常気象による自然災害は予期できるもので、事前の避難が可能となりました。しかし、昨今の感染症の脅威により、これまでとは異なる新しい避難スタイルが必要になっています。

写真:ロイター／アフロ

自治体で指定された避難所の多くは学校の体育館など。広い空間を大勢で共有するので、プライバシーの確保が難しくなります。

求められる感染症対策のできる避難スタイル

広い空間を避難所として大勢で共有するのが、従来の一般的な避難スタイルでした。しかし、世界的に蔓延した新型コロナウイルスの感染拡大の影響で、避難所に依存しない分散避難の重要性が高まっています。個別で避難できる備えがあれば避難所に行かない選択をできるようになり、状況に応じてどう避難するかを選択できるようになります。避難所に依存する人が減ると、備えのない（少ない）人たちが優先的に避難所に入れるため、結果、避難所での密集を避けることができます。新しい避難スタイルを持つことが、多くの人の助けにもなるのです。

避難スタイル別メリット・デメリット

他人との接触を避ける最善の手段は在宅避難です。しかし、被災の状況によっては家を離れる必要に迫られることもあるでしょう。その場合、2つの選択肢があげられます。

キャンプで避難 ▶P104

■生活が独立している

テントなどを設営できる場所があれば、プライバシーが保たれた環境下で避難生活を送ることが可能です。装備品次第で生活クオリティも向上します。

メリット
- プライバシーを確保しやすい
- 工夫次第で快適な環境になる

デメリット
- 快適を目指すと荷物がかさばる
- 天候の影響を受けやすい

車で避難 ▶P108

■シェルターとして優れる

マイカーがあり、移動が可能な場合に限りますが、停車できる場所さえあればそこが避難所になります。また、わずかながら電源使用もできます。

メリット
- 移動することが可能
- 電源、冷暖房が使える

デメリット
- 燃料補給が必要となる
- 車種によっては狭くて寝にくい

※人数や広さによっては避難所より密になるので、換気などをしっかりおこなうこと。

避難所に行かない
在宅避難という選択

キャンプや車中泊以外にも避難所に行かない選択肢があります。それが「在宅避難」です。普段暮らしている家にいながら避難できるので、条件が揃うのならば一番に選びたい選択肢になります。

避難指示が出たらとにかく避難所に行けばいいわけではありません。倒壊の心配のないマンションなどの住居に住んでいる場合は、在宅避難もできるよう備えておきましょう。

1週間を乗り切る備えをしよう

避難所には収容人数の限界があります。そのため、倒壊の心配が少ないマンションの住人などには、可能な限り自宅に留まって生活してほしいと呼びかける自治体もあります。感染症のリスクを考えれば、在宅避難が可能なら積極的に取り入れたいものです。日常を過ごしている自宅なら安心できますし、プライバシーも保てます。そのためには、水道、電気、ガスなどのライフラインが途絶えた状態でも1週間乗り切れる備えをしておきましょう。冷蔵庫内に2日分くらいのストックがあると仮定して、5日分ほどの非常食を備えておくといいでしょう。

在宅避難ができる条件

避難所の密集をさけるため知人や親戚の家に身を寄せる縁故避難や車中避難などの「分散避難」の重要性が高まっています。在宅避難を選ぶには、以下の条件や備えが必要になります。

❶安全が守られている

ハザードマップなどを確認し、浸水や土砂崩れなどの危険がない場合、在宅避難が可能。また、家屋自体に倒壊の危険がないことも前提です。在宅避難の際には、タンスや食器棚など家具の倒壊を防ぐ対策をしておくことも重要です。

❷水・食べ物の備蓄がある

避難所で得られる配給品に頼れないため、自らの備えで避難期間中の飲食をまかなう必要があります。何が必要かは家族の人数に応じて17ページを参考にしましょう。

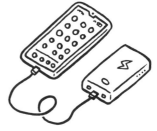

❸日用品の備えがある

電池やトイレットペーパーはもちろん、医薬品、生理用品、断水時に使う非常用トイレなど、日用品も生活水準を保つうえで重要です。直前で買い占めに加担することがないよう、普段から多めに備えておきましょう。

❹情報収集できるように

ライフラインが途絶えた状況での在宅避難は情報不足になりがちです。そんなときスマホは重要な情報収集手段。電波の復旧は早いことが多いので、バッテリーのほか、太陽光や手回し発電などでも充電できるようにしておきましょう。

どのくらいの備えが必要なのか

どんな災害が起きて、どれだけの期間、避難生活を強いられるかは事前に予測することはできません。ここでは人が生きるためにはどれだけの備えが必要なのか、その目安を紹介します。

生きるために欠かせない3要素の原則

生きるために必要な要素を3つ紹介します。これはアウトドア界でよくいわれている"サバイバルの3の法則"と呼ばれるもので、いずれも「3」という数字に関連しているため覚えておきましょう。備蓄品を置くスペースにも限りがありますし、水や食料はいずれ劣化してしまいます。最低限必要な量を把握しておくことが大切です。

体温 ＝ 3時間

人は適切な体温を維持できなければ3時間しか生きられないといわれています。避難時には季節に応じた防寒への備えが必要です。

水分 ＝ 3日

人は水分を摂取できなければ3日程度しか生きられません。飲料水を確保することが困難な場合があります。水はもっとも欠かせない備蓄品です。

食料 ＝ 30日

食べるものがなければ人は30日しか生きられません（3週間という説もあり）。少なくとも5日分の食料は備蓄しておきましょう。

※食料30日というのは体温が守られ、水分がとれている状態にあるという前提です。

備えておきたい非常食と水分

冷蔵庫内にあるもの（2日分と想定）と合わせて、1週間分の食料を確保します。庫内の食料を消費してから、非常食を消費していきます。災害時でも気持ちが少しでも豊かになるよう、好みのものを備えましょう。

食料

- ●缶詰食品
- ●フルーツ系缶詰食品
- ●パックごはん、無洗米、即席麺
- ●ふりかけ、調味料
- ●レトルト食品
- ●インスタントの味噌汁、スープ

飲料

- ●飲料水（1日2ℓ）
- ●野菜ジュース
- ●茶葉類

人数
×
5日分

■カセットガスの本数

ライフラインが途絶えた環境下で調理に役立つのがカセットコンロ。カセットガスの強火での連続燃焼時間は、約70分とされています。仮に家族4人が1回の食事で10~15分使用するとして、1週間で7本ほどの備えがあると安心でしょう。風防やガスカートリッジカバーを併用すると、ガスを長持ちさせられます。

1日1本が目安

ローリングストックとは

CAUTION

少し多めに食材や加工食品を買っておき、消費したら使った分だけ買い足して、一定量の食料を家に備蓄しておくことを「ローリングストック」と呼びます。缶詰やレトルト食品など、普段から食べて自分の好みを見つけておくことで、もしものときの食事も豊かにできます。

非常用持ち出し品を アップデートしよう

急いで避難をするというとき、たくさんの備蓄品を持ち出す余裕は ありませんが、命を守るために最低限の道具は持ち出したいもので す。これを「非常用持ち出し品」として、備えておく必要があります。

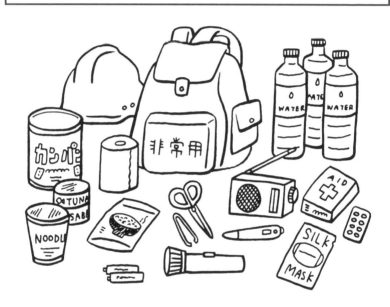

必要なものを見定めてカスタマイズしよう

ホームセンターや通販で売られている防災グッズには、リュックサック に一式が入ったセットで売られているものがあります。地震などの突然 の災害時、真っ先に持ち出せるものとしての備えで、非常用持ち出し品 や一次持ち出し品などと呼ばれています。ただし、簡易的な道具が多く、 利便性が劣る物もあります。非常用持ち出し品は内容や機能を確認し、 自分仕様にカスタマイズすることをオススメします。

アップデート＆プラスしたい道具の代表例

■懐中電灯は
　ヘッドライトに

懐中電灯は定番ですが、使用時に片手がふさがってしまいます。ヘッドライトは両手が使えるし、顔が向く方向を照らしてくれるため、暗闇の移動や作業時に非常に有用です。電池は本体から抜いて保管しましょう。

■乾電池とともに
　ソーラーバッテリーも

乾電池も定番の備蓄品ですが、消耗品でもあります。ソーラーバッテリーは太陽光で発電できるため、微弱でも電力のなくなる心配がありません。ラジオやライト、スマホなどの電子機器と互換性を持たせておきましょう。

■マッチとともに
　メタルマッチも

火おこしに便利なマッチは、容易に使えて有用性が高いものです。しかしこれも消耗品で、濡れてしまうと使えなくなってしまいます。火花で着火することのできるメタルマッチがあれば、火おこしの可能性が格段に高まります。

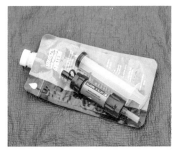

■水とともに
　浄水器も

飲料水は欠かせませんが、持ち出し品とするには持てる量にも限界があります。もしもに備えるなら、浄水器もあると安心。ペットボトルの水が尽きても、川の水やためた雨水などを浄水して飲料水にできます。

自分なりの持ち出し品を デザインしよう

19ページで紹介した道具のほかに、非常用持ち出し品に加えたい オススメの道具を紹介します。ですが、これはあくまで一例。大切 なのは「自分にとって必要な道具」を見極めることです。

必要な道具は人によってさまざま

緊急避難が必要なとき「これだけは持っていく 物」を整理しておきましょう。救急セットや懐 中電灯、ラジオなど、防災グッズセットには画 一的な物しか入っていません。しかし、予備の 眼鏡や防寒具など、人や環境によって必要な 物は変わります。自分や家族にとって何が必 要かを考え、オリジナルの持ち出し品を備え ておきましょう。ここでは本書の監修の寒川 一さんの非常用持ち出し品を紹介します。

持ち出し品を入れておく袋や 箱は、燃えにくい物、防水性の ある物を選んでおきましょう。

■ケース

持ち出し品は壊れたり水に濡れて中身が使えなくなったりしては意味がありません。ケースには頑丈で防水性のある物をセレクト。蓋の内側にある緩衝材を使えば簡易のイスにもなるし、テーブルのようにも使えます。

■エマージェンシーシート

緊急時に使用する極薄のブランケットで、体温を保持するためにアルミが蒸着されています。複数枚をダクトテープなどでつなぎ合わせることで、簡易的なタープ（キャンプで使用する日差しや雨を防ぐ広い布）にもなり、雨風をしのげます。

■金属製のカップ

シェラカップなどの金属製の器は食器やコップになるだけでなく、焚き火やコンロで使用できます。これひとつでお湯を沸かす、煮沸するなどができて便利です。

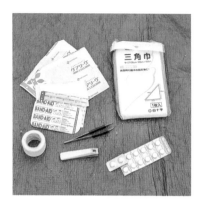

■救急セット

ケガをしたときなどに対処する救急セットは欠かせません。絆創膏や三角巾などは定番ですが。ピンセットや爪切りなどもあるとさまざまな対応ができます。持病がある場合は、数日分対応できる量の医薬品なども備えておくといいでしょう。

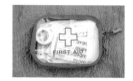

■補修キット

裁縫道具のほか、ワイヤーや結束バンド、テント用のリペアテープや短く切ったロープがあると、衣類や道具の補修が可能です。かさばるのでポーチにまとめておきましょう。

■ポリ袋

ゴミ袋としてだけではなく、多用途に活躍します。例えば衣類や荷物などをまとめておくこともできますし、大量の水を運搬するのにも便利。また、広げて使用すれば結露した水の確保もできます（P44参照）。45ℓ程の容量の袋でも、それほどかさばりません。

■マルチツール

コンパクトで持ち運びに便利なサバイバル時の必携品。ひとつのツールでナイフや缶切り、ドライバーなど複数の機能を持ち合わせています。ハサミやプライヤーを備えたものなど、さまざまなモデルがあるので、大きさや自分に必要なツールを備えているタイプを選びましょう。

■モバイルバッテリー

情報収集や連絡手段として欠かせないスマホ。ソーラーバッテリーは太陽光があるタイミングでしか充電ができないので、最低でも2~3回はフル充電できる容量のバッテリーも備えておくと便利です。非常時はスマホ使用も極力控え、使わないときは機内モードにしておくなどでバッテリーを長持ちさせます。

■ロープ

登山用のロープであれば救助などに使うことも可能です。避難生活時でも、木と木の間に張ることで洗濯物を干したり、21ページのエマージェンシーシートとの組み合わせで屋根を作ったりすることもできます。太さ4mmほどのロープを約8m備えておきましょう。

■反射鏡とホイッスル

反射鏡は救助ヘリなどに光を反射させて自分を発見してもらうために使用します。ホイッスルも同様の目的で、遭難したり、瓦礫に埋もれてしまったときなどに発見してもらう確率が高まります。

■バンダナ

バンダナやティッシュペーパーは衛生を守るうえで欠かせません。特にバンダナはケガした際に患部を押さえたり、つき指をしたときの添え木を固定する役目も果たします。写真のようにナイフ使用時のグローブ代わりにもなります。

■筆記用具

スマホが使えなくなった場合のアナログ機能として、紙とペンに勝るものはありません。重要な情報をメモしたり、筆談をしたり、拠点を離れる際の書き置きにも使えます。避難生活時の様子を日記のように書き留めてもいいでしょう。ペンは油性であると紙以外にも使用でき、消えにくいので信頼度が高まります。

■マスク

もはや新時代の生活には欠かせないアイテムになってしまったマスク。もちろん避難所生活でも必須アイテムですし、避難時に粉塵から呼吸器系を守る重要な役割も果たします。自作の布マスクで避難生活に彩を加える工夫をするのもいいでしょう。

■自分なりの生活必需品

予備のメガネなど日常生活で欠かせない物は、避難生活でも必要です。人によって必要な物は十人十色。例えば周囲の音が気になって眠れなくなるような人は耳栓を、口腔衛生が気になる人は歯ブラシを備えておきましょう。

■現金や身分証明証

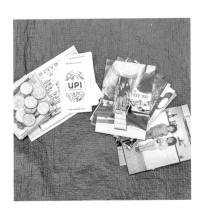

もしもに備えてある程度の現金も入れておきましょう。また、名刺、免許証や保険証など、身分を証明できる物をコピーして備えておくべきです。大切な人の写真はデジタルでは見られなくなる可能性もあるため紙焼きプリントで。離れ離れになってしまった場合は、捜索の際の有力な手がかりとなります。

キャンプ道具が
防災に役立つ！

野外のライフラインの限られた環境で生活をするキャンプ。そんな環境を快適にするキャンプ道具は、軽量でコンパクトに収納でき、野外使用に適した機能性の高い物が多くあります。

避難生活にも適した道具が揃う

キャンプ道具は野外で使うことを想定しているため、避難を強いられるような環境下での使用に適しています。また、一部のキャンプ道具はサバイバル仕様にもなるので、もしものときには命を守る道具となります。レジャーのためのキャンプ道具は、ライフラインの途絶えた環境での強い味方となるのです。

キャンプ道具のメリット

衣

アウトドアウェアを普段着の一部に取り入れて楽しむ人もいますが、本来は野外環境での使用を想定しており、非常に機能的にできています。撥水性、防寒性など、避難生活における重要な要素を満たしてくれます。

食

キャンプ用品は外で使うのが大前提。コンロは防風性が高いものや、気温の低い環境下でも使えるガス缶があるなど高機能です。また、軽量でコンパクトになるものが多いのも特徴。これは鍋やカトラリー類にも同様のことがいえます。

住

キャンプに欠かせないテントはいわば移動式の住居のようなものです。長期の避難生活を強いられるようになった場合、雨風もしのげてプライバシーも確保できるテントは非常に重宝します。また、キャンプ用のチェアやテーブルも携帯性に優れた物が多く、長期の生活には欠かせません。コンパクトになるものは、持ち出し品の軽量化や省スペース化につながります。

100均グッズで防災に役立つ道具

キャンプ道具でなくても防災に応用することができます。ここでは
あえて100均グッズで挑戦。キャンプのスキルがあれば、工夫次第
でいろんなことができる応用力が身につきますよ。

■タープ　レジャーシートで屋根作り

レジャーシートを少し重な
るように4枚並べて、その
つなぎ目をガムテープで丁
寧に貼り合わせてタープの
幕体を作る。枚数は使用人
数に応じてアレンジ。

タープポールは園芸用の
連結式の支柱で代用。セン
ターポールはロープを二股
にしてペグで固定する。四
隅もロープとペグで固定し
てタープの完成。

100円ショップによっては
電池式のランタンも売られ
ている。レジ袋ハンガーが
絶妙なランタンハンガーと
なり、キャンプ道具に比べ
ても遜色ない。

■テント　緊急避難用のシェルターも100均グッズで

園芸用の支柱4本と、ピン
形状のペグ、アルミテープ
と自転車用カバーを用意。
このほか、ペグの代わりに
なるような枝も拾ってお
く。

園芸用の支柱を地面に刺し
て頂点をテープでつなげ、
さらにテープで先端を保護
してカバーをかぶせる。1
箇所に切り込みを入れて、
出入りできるように。

切り込みの端にテープで枝
を固定してトグル(ボタン)
にし、ロープを引っ掛ける。
ペグの不足分も枝で補っ
た。中にスリーピングマッ
ト(P86参照)を敷く。

■焚き火で湯沸かし　火おこしから湯沸かしまで可能

園芸用の鉢スタンドにザルをのせて簡易の焚き火台に。火ばさみ代わりのトングのほかナイフやメタルマッチも100円ショップで入手。麻紐はほぐして着火用に使う。

ほぐした麻紐の上に割り箸を重ねて、メタルマッチで着火（P54参照）。難なく火おこしができた。ザルは空気を取り込みやすく、よく燃える。

アルミ製のレンジガードは風防にも、焚き火の熱を反射してくれるリフレクターにもなる。伸縮式の火吹き棒も100均グッズ。

ザルにBBQフォークをのせて、その上に水を入れたオイルポットをのせることで湯沸かしもできた。工夫次第では調理も可能だ。

■水のろ過　浄水も100均グッズで可能

ボトルとコーヒードリッパー、コーヒーフィルターで水のろ過に挑戦。3層構造の不織布マスクも試してみた。

ボトルにドリッパーとフィルターをセットして、水を入れる。少量ずつ加えていくことでろ過することができる。

不織布マスクで同様におこなってみたが、水をボトルにほとんど通さなかった。むしろ不織布マスクの信頼性が高まった。

防災のために
身につけたい3要素

飲料水や食料、道具などの備えは大切ですが、それだけで安心してはいけません。真の「防災力」を得るために必要な、3つの要素を統合的に身につけましょう。

野外で生活環境を構築できるキャンプスキルは、レジャーキャンプの中で身につけていくことができます。

防災力を身につけよう

いくら科学技術が向上しても、自然災害にはあらがえません。しかし、自分たちの暮らしを守るために無防備でいるわけにもいきませんから、そのための防災グッズや備蓄は欠かせないものです。しかし、私たちは目に見えて手に取れる物理的な物に頼りがちです。道具や備蓄を有効に使うための、技術や知識、判断力も重要です。これらが複合的に備わることで、自分や家族、仲間を守る、真の「防災力」を身につけることができるのです。

道具とともに身につけたいこと

道具を買って備えることは簡単ですが、それらを適切に使いこなすスキルと、いかなる状況下でも平静を保って対応できる心構えがともなってこそ、はじめて生きる力と知恵となります。

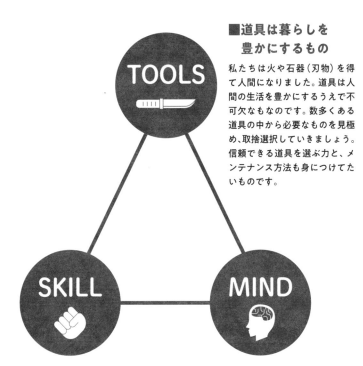

■道具は暮らしを豊かにするもの

私たちは火や石器（刃物）を得て人間になりました。道具は人間の生活を豊かにするうえで不可欠なものなのです。数多くある道具の中から必要なものを見極め、取捨選択していきましょう。信頼できる道具を選ぶ力と、メンテナンス方法も身につけてたいものです。

■技術は身につけるもの

ただ道具があっても使いこなせる技術がないと成立しません。技術は知ることだけではなく、実際に身につけることが必要です。また、その技術を磨くことは楽しいことでもあります。一度、身についた技術は失くしたり壊れたりしないし、人に受け継いでいくこともできます。

■非常時に役立つ判断力を養おう

道具と技術があっても、それをいつどのように活用するかという判断力が必要です。アウトドアは安全のもとにすべてが管理されないといけません。危険を察知して回避したり違う道具ややり方に変えたりと、創意工夫と臨機応変さを持ちましょう。

キャンプは
日常でできる避難訓練

この章で説明してきたことは、実はレジャーのキャンプを楽しむことで自然と身につくことなのです。なぜなら、キャンプは擬似的とはいえ、ライフラインの限られた環境下で1泊ないし数日間の野外生活を実践しているからです。キャンプのために買いそろえた道具は、そのまま非常時に避難生活を送るための道具になります。それらの道具を使って野外で生活をしてみることが、自然と新時代の災害における避難生活の訓練をしていることにつながります。現在キャンプをしている人たちも、動機は防災ではなかったとしても、実際に被災したとしたら、いつの間にか生きる力と知恵が身についていたことを実感することでしょう。

防災キャンプを
やってみる

テントもタープも、初めてでうまく張ることは難しいものです。しかし、災害時は試行錯誤している余裕はありません。自治体や小学校で開催している防災キャンプ体験会などに参加してみましょう。

■使ってみないとわからない

防災キャンプなどの体験会では、運営側の経験者が丁寧に設営方法を教えてくれます。実際に寝泊まりできることもあるので、近隣で開催されていれば、家族で参加して経験値を上げておきましょう。

何ごとも経験から。
子どもと一緒に
やってみよう

CAUTION　経験するチャンスをつかもう

●自治体などで体験会があれば積極的に挑戦しよう。

●自分たちでも定期的にやってみよう。

キャンプ場でやってみる

自分たちで独自に防災を意識したキャンプをやってみてもいいでしょう。天候が悪いとキャンプを取りやめることも多いですが、そこは逆に経験値をかせぐチャンスと考えて、あえて雨キャンプにトライしてみましょう。ただし風のない小雨のときにして、強風、豪雨のときは中止しましょう。

■雨対策が防災のキモ

雨のときは、テントの上にタープを張ったり、荷物をゴミ袋で包んで防水仕様にしたり、いろいろ経験が積めます。グラウンドシートを大きく敷きすぎるなどの失敗も、やってみれば理解できます。

■足りない物はなにか

避難生活のつもりでキャンプをしてみれば、何が足りていないかチェックすることができます。水の量はどうか。寝具の寝心地はどうか。寒い時期にやってみるのもいい経験になるでしょう。

家でやってみる

テントの設営は場数を重ねるほどうまくなります。季節が変わるごとに、備品チェックやメンテナンスもかねて自宅でもトライしましょう。

■消費期限の更新にも◎

仮の停電、断水状態にして在宅避難にチャレンジ。食品や衛生品など、消費期限のあるものは、自宅シミュレーションの際に使って、新しいものに入れ替えてしまいましょう。

持ち出し品の選択と保管場所

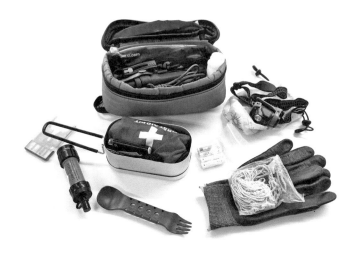

家族で保管場所も決めておく

20ページでは本書監修の寒川一さんの非常用持ち出し品を紹介しました。64、94ページでもアウトドアで活動する方の持ち出し品を紹介しているので、これらを参考に自分と家族の持ち出し品をリストアップしてみてください。また、持ち出し品の保管場所も家族で話し合いましょう。自宅で備蓄品とともに保管してもいいですし、車に載せておいてもいいでしょう。電車やバスで通勤通学している場合は帰宅困難になることも想定して、最小限のアイテムを常時持ち出し品として日頃から持ち歩いておきましょう。

そして自身の持ち出し品が完成したら、知人やSNSなどで共有してみましょう。人それぞれの持ち出し品を見比べることで新たな発見があるかもしれませんよ。

突然の雨に備えて折りたたみ傘をカバンに入れておくように、コンパクトで軽い物を選んで、常時カバンに入れておくと安心。

刃体の長さが6cmを超える刃物を車載・携帯していると銃砲刀剣類所持等取締法に、6cm以下でも軽犯罪法にて取り締まりの対象になる。ナイフは原則自宅で保管し、非常時でもケースにしまっておく。

1章

CHAPTER.1

水と火の確保

災害が起きてライフラインが絶たれたとき、十分な備えがあればいいですが、備蓄品がない・備蓄品を使い果たしたときに知っておきたいのが水の入手方法と火のおこし方です。生死に直結するので、知っておくだけではなくキャンプなどで実践してスキルとして身につけておきましょう。

水の備蓄と保管の知恵

16ページで紹介したとおり、非常時には飲料水がとても重要になります。水の保管、運搬方法と合わせて、節約する方法も心得ておきましょう。水分確保にも、キャンプの道具や知識が役立ちます。

飲料水と生活用水を備蓄する

飲料水は大人1人につき1日2～3L必要とされています（食べ物に含まれる水分も含む）。また、トイレ、歯磨き、洗濯など、生活用水も約3L×家族の人数分使用するといわれています。飲料水はウォータータンクやペットボトルに保管しましょう。生活用水は、お風呂を沸かす直前に古い水を捨てるようにすると浴槽に備蓄しておくことができます。

DRINKING WATER

■取っ手のあるタンクが便利

キャンプ用のウォータータンクがあれば、多くの水を確保でき、持ち運びもしやすくなります。自宅で保管している際も、水を貯めておくことで、非常時の備えにもなります。ただし、水道水を飲料水にする場合は約3日を目安に入れ替えましょう。ペットボトルは600㎖容器が運搬や収納に適しています。空くと容器として活用できるので、大小組み合わせて持っておくのがオススメです。

CAUTION　水の保管時の注意

●給水日時をテープなどに記入し、タンクに貼る。
●水道水は冷暗所保管なら3日は飲用可能。

給水状況をチェックする

在宅避難やキャンプ、車中泊で避難するときなど、避難所に行かない場合は水の補給を得られないこともあります。自治体のHPなどで災害時給水所などの情報をチェックしておきましょう。

■ザックで運ぶ

タンクなどの容器がない場合でも、ポリ袋などで代用できます。空にしたザックにポリ袋を入れてそこに水をためて、しっかりと口を閉じればOK。ザックなら重くなっても背負いやすいのも利点です。

■キャリーカートで運ぶ

キャンプ用のキャリーカートは本来キャンプ用品を車からテント場まで運ぶために使用するものです。台車よりも荷物を落としにくく、使用しないときはコンパクトに収納できる点でも水の運搬にオススメです。

水の節約を心がける

非常時の水は大変貴重です。給水が得られる状況にあったとしても、節水を心がけましょう。

● 飲料水以外は浴槽の水や川の水などを活用する
● 食器は汚さないようラップに包むなどで洗い物を減らす
● 手袋やビニール袋を使って手を汚さないようにする
● ウェットティッシュやお尻ふきなどを備蓄しておく
● 歯ブラシでなく液体ハミガキを活用
● 携帯トイレを活用する

水をどこで確保する？

断水のなか、公助にて給水を得られない状況では、自ら水を確保しなければなりません。自然環境下で水を確保する方法を確認しておきましょう。

■河川を見つける

自然環境での水源といえば、川や湖などが代表的です。特に河川は流れているため、比較的きれいな水を確保しやすくなります。ただし、豪雨災害時などは決して近づかないよう注意しましょう。水の透明度、匂い、生物がいるかなどを観察。飲料水とするにはろ過と煮沸が必須です。

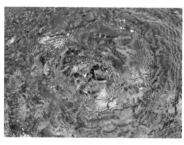

■湧水を見つける

地下水が湧き出る湧水は飲料水としても使えます。ろ過するか煮沸するとより安全です。採取する場合は、流れている場所のほうがきれいな水を得られます。

■雨水・雪を使う

非常時は雨水も有効に使いましょう。なるべく清潔な状態で集められるよう口の大きい容器を備えておきます。雪があれば、煮沸することで水を得ることも可能。新雪なら飲料水にもなります。いずれも、ろ過や煮沸すること。

水の運搬方法

大容量のポリ袋をザックに入れる。

クッカー（鍋）などで、水源からポリ袋に数回に分けて水を移す。

ザックの高さを超えない程度まで水を入れ、袋の口をしっかりと縛る。

ザックの蓋を閉じて背負う。ショルダーハーネスを短くして、高い位置で背負うと運びやすい。

ろ過や煮沸で安全性を高めよう

CAUTION

水源地の水が飲めるかどうかの基準は見ただけでは判断できませんが、周囲に人工物や人の営みの気配がなければ、比較的飲用できる確率は高まります。いずれの場合でも、ろ過や煮沸で安全性を高めることができます。

浄水器を備えよう

飲料水を見つけるのが困難なとき、持っていると重宝するのが浄水器です。アウトドア用はコンパクトで持ち運びも便利。ここでは一般的なフィルターとボトルの2タイプの使い方を紹介します。

フィルタータイプの使い方

ろ過装置をソフトボトルや市販のペットボトルに装着して使用する。高い浄水能力が魅力。

まずコップなどの容器で水を汲む。水を汲む際は、水の流れを受け止めるように汲まず、流れの反対側から汲み入れる。こうすることで異物の混入を避けやすくなる。

汲んだ水をソフトボトルやペットボトルに入れ替えて浄水器を装着し、別の容器に手で押し出して浄水する。

ボトルタイプの使い方

ボトルに浄水機能がついたタイプ。ろ過装置が内蔵されているので、非常に扱いやすい。

ボトルに水を入れる要領はフィルタータイプと同様。目一杯は入れずに、目安の線以下の量にする。

ろ過装置をボトルにゆっくり押し込む。この押し込む圧力によって浄水するため、比較的短時間で飲料水が得られる。

■浄水剤

特別な技術や道具がなくても飲料水を得られるのが浄水剤です。使い方は容器に入れた水にタブレットを入れて混ぜるだけ（容量に応じて必要数のタブレットを入れる）。コンパクトで長期保存も可能なのでぜひ備えておきたいものです。

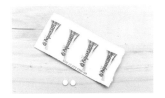

仕様を確認すること

 CAUTION

浄水器や浄水剤で除去できる成分は、その製品によって異なるため必ず仕様を確認しましょう。多くの浄水器は目に見える浮遊物などは除去できますが、水に溶け込んだ成分を完全に取り除けるわけではありません。不安が残る場合は煮沸をするなど念押しを。

浄水器がないときの知恵

水源も見つからず、浄水器も持ち合わせていない。水が必要な状況で濁り水や海水しか手に入らない。そうした場合に使えるろ過や蒸留法もおさえておきましょう。

■濁り水をろ過する

① バンダナやふきん、シャツなどの目の詰まった布を1~2枚用意する。

② なるべく何重にも折りたたんで容器にかぶせる。布の層が多いほど、ろ過効果が高まる。

③ 水を布の中心に少量ずつ落とす。じっくりおこなうことで、ろ過効果が高まる。別の布でこの水をもう一度同じ手順でろ過すると、さらに濁りがとれる。

矢印: → ろ過前の水
矢印: → 布
矢印: → 砂や小砂利
矢印: → 木炭
矢印: → 小石
矢印: → ティッシュ
矢印: → 穴をあけたキャップ

■ろ過器を作る

① 容量の大きいペットボトルの底側をカットする。キャップには小さい穴をあける。

② ティッシュペーパー、小石、木炭、砂や小砂利、布の順でペットボトルに詰めていく。

③ 底側から濁り水を入れて、キャップの穴から出てくる水を容器などで受ける。逆さに吊るせると楽にできる。

● ろ過では水の中のゴミを取り除くことはできても菌までは取り除けない。飲料水とする場合は、煮沸して殺菌すること。

濁り水の蒸留方法

■ヤカンで蒸留する

ヤカンの注ぎ口にコップをかぶせて真下に容器を置いて受ける。ヤカンに濁り水を1/4ほど入れて沸騰させる。コップにこもった水蒸気が水滴に変わって器に移る。

土を掘って水を得る

直径1m、深さ50cmほどの穴を掘り、穴の底に葉っぱ（枯れ葉以外。毒草にも注意）を敷き詰めて中央に容器を置く。

穴全体をレジャーシートや広げたポリ袋などで覆い、周囲を土で埋めて石で固定する。シート中央に小石をのせる。

地面や葉っぱからの蒸気が気温差で水滴になり、シートを伝って下の容器にたまる。ただし1晩でも少量しか取れない。

● ズボンの裾にタオルを巻きつけて早朝の草地を歩き、タオルに染み込んだ朝露を絞って水を得る方法もある。

灯りと火の重要性

非常時に火をおこせることは、命を守ることにつながります。また、精神面でも心を落ち着かせてくれるものです。ここでは火から得られる恩恵について改めて紹介します。

炎は生きるための心の支えにもなる

人は火を扱えるようになって進化をしてきたといわれています。そのためか、人は火を見ていると心が落ち着きます。災害によっては火災の被害もあるため、焚き火の場所とタイミングには配慮が必要ですが、阪神・淡路大震災のときには公園や学校などで焚き火が行われ、人々に暖と安心を与えていたといいます。

焚き火でできること

ただ木を燃やすだけではなく、焚き火は私たちが生きるうえで多くの役割を果してくれます。焚き火で命を繋ぐこともできれば、生活クオリティを高めることもできるのです。

■体温の保持

焚き火の炎は体を温めてくれます。非常時は、体温確保が重要です。冬季に避難生活を送るようなことになった場合は、すぐに焚き火ができる環境を整えたいものです。

■飲み水の確保

非常時は飲料水を確保するのが難しくなりますが、焚き火ができる環境と水さえあれば、煮沸をして飲料水を得ることができます。

■温かい食事

レトルト食品や缶詰など、加熱せずに食べられる食料もありますが、避難生活において温かい食事は、体にも心にも糧となります。また、遠赤外線効果で食材の中まで火が通りやすいのも特徴です。

■暗闇での照明に

ライフラインが絶たれると、夜になればあたりは真っ暗になります。焚き火は闇を照らす照明の役割も果たしてくれます。

■居場所を伝える手段に

古来、遠方への情報伝達手段として「狼煙（のろし）」が使われていました。焚き火の煙は上空にのぼり、自分の居場所を伝えることができます。遭難したときは暖をとりつつサインも出せるのが焚き火なのです。

■衣類の乾燥も

濡れた衣服を着ていると急激に体温を奪われてしまいます。多少煙くさくはなってしまいますが、焚き火は衣類の乾燥にも役立ちます。

■食料の長期保存も

焚き火の煙には殺菌・防腐作用があります。冷蔵庫のない時代、燻製は食材を長期保存させるための知恵でした。長期の避難生活を覚悟しなければならない状況下では重要なポイントになります。

■コミュニケーションに

焚き火は鑑賞しているだけで心を落ち着かせてくれます。非常時でも心の平穏を保つための有効な手段になるのです。また、人は自然と焚き火を囲むように集まってくるものです。非常時でのコミュニケーションの場にもなります。

焚き火のために備えておきたい物

焚き火をするにあたって、いくつか備えておきたい道具があります。普段のキャンプなどで使って慣れておくと、いざというときに心強いものです。

■焚き火台

地面の上でおこなう「直火」でも焚き火は可能ですが、焚き火台があるとより便利。メリットは移動しやすく、地面へのダメージが少ないこと。焚き火台なら臨機応変に対応することができます。

■ウッドストーブ

焚き火台と用途は同じですが、こちらは燃焼効率が非常に高いので、急ぎ暖をとりたい場合や湯沸かし、食事の準備をする際に重宝します。コンパクトに持ち運べるタイプが多いのも特徴です。

■着火のための道具

マッチやライターなど容易に着火できる道具はぜひ備えておきたいアイテムです。ただし、ライターは燃料切れになる可能性があり、マッチは濡れると使い物にならなくなります。メタルマッチがあればいざというときでも火をおこせる可能性を残せます。

あると便利な焚き火道具

焚き火を活用して避難生活を送るとき、あると役立つ道具たちです。

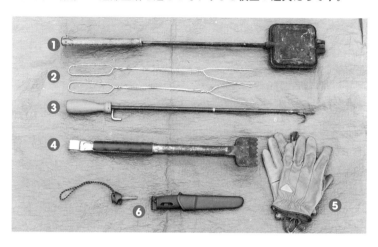

❶ホッドサンドメーカー

パンを焼く道具ですが、金属製なので炎と距離をとりつつ焚き火にかけられるのが利点。タイプによっては片面をフライパンとして利用できます。

❷焚き火フォーク

先端に食材を刺して焼くことができる道具。炎と距離をとりながら加熱できます。アルミホイルと組み合わせれば目玉焼きも作れます。

❸火吹き棒

火は空気を送らないと大きくなりません。うちわであおぐと灰が舞ってしまいますが、火吹き棒はピンポイントで必要な場所に空気を送れます。

❹火ばさみ

火ばさみは薪や炭を動かすのに重宝します。薪を重ねて火を大きくしたり、距離を離して火を小さくしたりと火力調整が可能です。

❺グローブ

薪をくべるのに便利な革グローブ。ナイフを扱うときや瓦礫の撤去作業時など、さまざまな場面で手を保護することもできます。

❻ナイフ

包丁にもなるし、木を加工して道具を作り出すことのできるナイフ。写真のタイプはメタルマッチもセットになっており、火もおこせます。

身近な物で 確実に火をおこす

マッチやライターがあっても、人が暖まれる焚き火にまで炎を大きくするには少々コツがいります。ここでは身近なもので確実に火を育てる方法を紹介します。

牛乳パックと割り箸を用意する。一般家庭であれば入手するのはさほど難しくないはず。牛乳パックには燃えやすいポリエチレンが使われている。

牛乳パックを10cm四方くらいにやぶり、さらに表面の紙をはがす。ハサミなどの刃物ではなく手でちぎって紙がけばだつようにやぶる。

❷でやぶいた牛乳パックの表面をさらに細かくちぎる。けばだった部分が多ければ多いほど、火がつきやすくなる。

焚き火台の中央に❸を置き、その上に半分に折った割り箸を並べていく。割り箸は折ったとき切り離れないようにする。

折った中心が山の頂点となるように、割り箸を並べていく。一部マッチを投入するためのスペースはあけておく。

割り箸が組み上がったらマッチをこする。マッチは手の平の内側で、マッチの枝に火が移るまで待ってから投入する。

割り箸にうまく火が移らないようなら、隙間から牛乳パックを追加で投入していく。

割り箸に火が移ってきたら、均等に炎が大きくなるように適宜割り箸を追加していく。

割り箸が燃えた状態で山が崩れ、一部炭化してきたところで細めの薪を2〜3本、中心で交差するように加える。

❾で追加投入した薪に炎が移ってきたところで、大きめの薪を加える。大きめの薪に炎が移れば焚き火も安定する。

燃える物を見つけるコツ

いくら道具を揃えても、肝心の燃やす物がなければ焚き火はできません。特に火おこしやおこした火を大きくするのに欠かせない「焚きつけ」になる物を見つけていきましょう。

燃える物が見つかりやすいところ

■乾燥している物を探す

燃える物の原則は乾燥していることです。木に引っかかっている枝などは乾燥していることが多いので、手で触ってみて湿っていない物を集めましょう。

■浮いている枝を探す

森の中であれば焚きつけになる物を見つけやすいです。地面に接している物は湿っていることがあるので、なるべく地面から浮いている物を探しましょう。

■立ち枯れや倒木を探す

立ち枯れの木や倒木などは乾燥していて燃えやすい物です。のこぎりを持っていると太めの薪も入手することができます。

着火に役立つ物

着火の際に必要な焚きつけを、用いる順に左から並べています。慣れていればこのくらいの量で着火はできますが、湿った物があると火がつかないこともあるので注意しましょう。

❶ススキの穂やシュロ

メタルマッチなどで火をつけられます。ただしすぐに燃え尽きてしまうので大量に集めておきましょう。

❷樹皮

杉や松、白樺の樹皮は油分を多く含むので焚きつけに向いています。揉みほぐしておくとより着火しやすくなります。

❸枯れ葉

杉や松の枯れ葉もまた油分を多く含み燃えやすく、日本では入手が容易です。炎を大きくしたいときに使います。

❹小枝

割り箸ほどの太さの小枝を大量に集めておきます。焚きつけから薪へと火を移すつなぎの役割を果たします。

❺中くらいの枝

❶〜❹の順に火を移してきて、さらに火を大きくする段階で中くらいの枝を投入します。ここまで燃えれば安定した焚き火を継続することができます。

CAUTION

焚き火をするときは、焚きつけは大量に用意しておきましょう。火を大きくしている段階で枯れ葉や小枝が足りなくなると、せっかくおきた火が消えてしまいます。すると、焚きつけから集めなおさなくてはならなくなってしまうことに。1回で着実につけたい場合は、写真の量の2〜3倍は集めておくようにしましょう。

メタルマッチで
焚きつけに着火する

自然の中から見つけてきた焚きつけに着火する方法を紹介します。ライターやマッチが使えない状況を仮定して、ここではメタルマッチで着火しています。

焚き火台に焚きつけとなる杉や松の枯れ葉を置く。52ページを参考に、なるべく乾燥している物を探す。その上に山状に小枝を並べる。

ナイフの背にあてたメタルマッチを手前に引いて、枯れ葉に火種を落とす。着火できない場合、次ページで紹介する、より燃えやすい焚きつけを枝の下に置く。

枯れ葉に火がついたら、のせていた小枝の位置を調整。十分な火がおきているようであればさらに枝を追加して、より大きな火にしていく。

焚き火台の向きを変えて、風のあたり方を工夫すると、自然と火を大きくしていくことができる。その点でも焚き火台は直火よりも優秀。

枝に火が移りはじめたら、少し太めの枝を追加していく。あまり乾燥していない水分を含んだ枝を加えると、写真のような白い煙が大量に発生する。

風が弱い場合は、火吹き棒などで空気を送り込む。中心部の炭になってきた枝に空気を送り込むとよい。太めの枝に火がつけば焚き火は安定する。

より着火しやすい焚きつけ

■ススキの穂

ススキの穂はメタルマッチの小さな火花でも着火できるので初心者にオススメです。乾いた穂を入手できる時期は限りがありますが、広いエリアで入手しやすいのもメリット。

■杉の樹皮

杉の樹皮を入手できたのなら、それをグシャグシャに揉みしごくことで着火しやすい焚きつけになります。ただ丸めるのではなく、中に空気を含むようにふんわりさせます。

即席かまどの作り方

焚き火台がない場合、直火で焚き火をすることになります。単に地面で焚き火をするよりも、機能的な即席の「かまど」を作ることで、焚き火の炎を効率的に使えるようになります。

かまどがあれば焚き火の用途が広がる

昨今、キャンプ場ですら、直火での焚き火が禁止というところが増えてきました。しかし、災害時に暖をとる必要があるとなったとき、焚き火台がないからと躊躇してはいられません。とはいえ、ただ闇雲に直火で焚き火をして暖をとるだけはもったいないですから、手近にある石を使って「かまど」を作るのがオススメです。焚き火の熱が石にも蓄えられてより暖かくなりますし、調理をするにも便利になります。

即席かまどの作り方

■かまどのサイズと　位置を決める

必要最低限の大きさで、かまどの内側の位置をスコップなどでマーキングする。

■穴を掘って火床を作る

深さ10cmほどの穴を掘り、火床を作る。掘り出した土は焚き火後に戻すので、石を並べる予定位置の外側に盛る。

■石を並べてかまどを作る

火床の外側に石を円形に並べる。石の高さを平らにそろえておくと、上に物が置けて使い勝手がよくなる。

■砂利を敷き詰める

火床に底がかくれる程度の砂利を敷き詰める。地面からの湿気を防ぎ、火の熱を逃がさない効果がある。

■焚き口を決める

風上側を焚き口にし、石をあけて配置する。風向きが変わったときは石の配置を変更して調整する。

■かまどの完成

かまどの完成。石はなるべく乾いているものを選ぶ。石がないときはレンガやコンクリートブロックでも代用可能。

Skill
焚き火❷

焚き火台がなくても 直火にならない焚き火

焚き火をするとなったら、できる限り自然環境への負荷についても配慮したいところ。簡易的で後処理がしやすく、直火にならない焚き火の方法を覚えておくと便利です。

焚き火にあたる人数が多いときは、複数の焚き火が作れると、暖をとる用、調理用などと使い分けることができて便利です。写真はタイヤのホイールを焚き火台として利用しています。

環境を害さない焚き火をしよう

直火禁止のキャンプ場が増えてきているのは、マナー問題のほかに環境へのダメージを減らす目的もあります。焚き火の熱は、その土地の植生や微生物に多大なダメージを与えてしまうからです。そのために利用される焚き火台は火の熱が地面に伝わるのを軽減し、移動できるメリットがあります。金属製の容器であれば、ドラム缶や一斗缶、タイヤのホイールなどもでも代用可能です。次ページでは燃えにくいシート（難燃シート）を使った方法を紹介します。ただし、この方法でも盛った土にはダメージを与えてしまいますし、ドラム缶や一斗缶の直置きは地面に熱が伝わりやすいので、完璧ではありません。

マウンドファイヤーの作り方

■難燃シートに土をのせる

地面を平らに整える。四つ折り（4枚重ね）にした素材自体が燃えにくい難燃シートを広げ、植物や生物を除去した土をのせる。

■土を盛り固めてくぼみを作る

シートの四隅をつかみ、土を中央に寄せて盛り固める。シートに届かないように注意しながら土の真ん中にくぼみを作り、火床にする。

■焚きつけをのせる

樹皮などの焚きつけをくぼみにのせる。なるべく小さめのものを用意し、くぼみの中心にのせて着火しやすいようにする。

■小枝を盛って着火する

小枝を空気が入るように組んで軽く盛る。土台が崩れないように注意し、盛れたら焚きつけに着火する。

■空気で火を大きくする

着火したら、全体に火をまわす。やさしく息を吹きかけて火を大きくする。土台が崩れないように注意。

■枝でゴトクを作る

太めの枝をくぼみの両端に渡してゴトク代わりにすれば、お湯を沸かしたりすることもできる。

知っておきたい 焚き火のFAQ

焚き火をするうえで臨機応変な対応をとるために、そしてトラブルを起こさないためにも心得たいFAQを紹介します。災害時に安易に火を扱うことで被害を悪化させることがないよう注意しましょう。

Q.濡れている木しか見つからない！

木を削ったところを削り落とさずに羽のようにつなげておくと着火しやすくなる。

A.樹皮を剥いで中までは 濡れていない木を探す

雨露に濡れているようでも表面が湿っているだけで、木の内側までは水分が浸透していないこともあります。まずは樹皮を剥いで確認しましょう。小枝や薪の場合は、ナイフを使って表面をなぞるように削り、カールをたくさん作ってフェザースティック（P77）にすれば着火できる可能性が高まります。広葉樹は硬いので針葉樹を探しましょう。

Q.風が強くてなかなか火がつかない

多少の風ならば、焚き火を大きくするのに役立つこともある。強風ならばやめる。

A.自分の体を使って 風よけにする工夫を

かまどの焚き口は風上側に、焚き火台であれば着火の際に自分の体を盾にして着火します。あまりにも強風の場合は着火ができたとしても火の管理が難しく、燃え移りの可能性があります。なるべく風が弱い場所を探すか、焚き火を断念しましょう。

Q.焚き火の煙がたくさん出て辛い。解消法は？

いっぺんにたくさんの薪をくべずに、火の周囲に置いて乾燥させる。

A.水分を含んだ木は
　　煙が出やすい

しっかりと乾燥していない木は燃焼不足になり煙が出やすいものです。焚き火前に日光に干すか、焚き火台の近くに置いて少しでも水分を飛ばすようにしましょう。また、火吹き棒などを使って空気を送り込み、燃焼を促進させるのも燃焼不足を解決する方法です。

Q.薪にする木はどんなものがいい？

A.針葉樹と広葉樹を
　　使い分けるのがベター

針葉樹は燃えやすいので、焚き火の初期に火を大きくしたいときに使用します。広葉樹は火がついたあとに長もちするので、長時間焚き火をするときに重宝します。ふたつを使い分けられると、スムーズに焚き火ができます。

■おもな針葉樹
- ●マツ
- ●スギ
- ●ヒノキ

■おもな広葉樹
- ●クヌギ　●ケヤキ
- ●サクラ　●ナラ
- ●カシ　　●クリ

CAUTION

焚き火をする前に確認しておくこと

- ●地形や周りの環境を観察する
- ●風の強さや風向きを調べる
- ●作業は風上から、風下に燃えやすいものがないか確認

焚き火の
マナーと後始末

非常時の暖や明かり、調理の手段として有効な焚き火ですが、自分や周囲の身を守るためにも取り扱いや後始末への配慮が必要です。マナーを守って焚き火をしましょう。

■乾燥する季節は燃えやすい環境であることを意識する

空気が乾燥していると火事が発生しやすくなります。これは野外でも同様。火の粉も落ち葉も舞うなど、火が移りやすい状況にあるので注意しましょう。焚き火前に周囲の落ち葉を片付けたり、付近に燃え移りやすい物がないか確認してからはじめるようにしましょう。

■ゴミや不燃物を燃やさない

焚き火は何でも燃やしていいわけではありません。ビニールやゴムなどの不燃ゴミを燃やすと、有害物質を発生させ、悪臭を放つ危険性があるほか、燃えかすの処理にも対応できなくなります。

■炎の大きさ、煙の行き先、風向きに注意する

焚き火をするとき周囲に人がいる場合は注意しましょう。火の粉が飛んで衣服やテントに穴をあけてしまうことがあるので、焚き火の炎を過剰に大きくしすぎないようにしましょう。また、煙によってトラブルを招くこともあるので、風向きにも配慮が必要です。

■焚き火跡はきちんと処理する

焚き火跡は景観を損ない、見る人の気分を害してしまいます。焚き火をする前の状態に戻せる後始末の方法を覚えておきましょう。後始末のとき、密閉できる容器を火消しツボとして使うと、灰の処理がしやすく、炭が再利用できます。

CAUTION

焚き火は消火が肝心

- ●消火は水が確実だが、火消しツボも有効
- ●消火後は手のひらを近くに当てて、燃え残りがないか確認
- ●人が跡を見て不快にならないよう美しい後始末を心がける

焚き火の後始末（かまどの場合）

■灰の状態からはじめる

焚き火の後始末は薪などが完全に燃え尽きて灰になった状態からはじめる。炭に火がついていたら崩して確実に消火する。

■地面を水で冷ます

消火を確認したら、灰や石に水をかけて熱を冷ます。焚き火直後に水をかけると炭や石から蒸気があがるので注意。

■砂利を撤去する

スコップで火床の砂利を撤去する。このとき熱が収まっているかも確認する。

■土を戻してならす

くぼみの中に外に盛っていた土を被せて全体をならす。

■石を崩し全体を整地する

かまどに使用していた石をどかして、地面全体をならす。スコップで整えたら踏んでならしていく。

■原状復帰して完了

地面の温度が通常にもどり、焚き火の跡がなくなれば完了。焚き火をする前の状態にまで戻そう。石は元の場所に戻す。

COLUMN 02

山好き防災士の道具

鈴木みきさんの必携品

トイレットペーパー（予備）、生理用品、除菌ウェットシート、ポリ袋、使い捨てカイロ、マスク、薬（鎮痛剤・下痢止め・絆創膏など）、日焼け止め（予備）、リップクリーム（予備）、アミノ酸パウダー、折りたたみコップ、ツェルト、防虫ネット＆虫よけ、ハッカ油、熊鈴、非常食、手袋（予備）、コンパス、ミニナイフ、ヘッドライト、ライター、結束バンド＆麻紐、ダクトテープ、テーピングテープ

登山と防災のハイブリッド装備

　こちらは「いざというとき自然のなかで代用品が見つけにくい小物」を集めたセットです。日帰り、テント泊、海外登山に至るまで、どの山行にも欠かさずザックに入れています。私は登山装備を使うタイミングごとに小分けに収納し、非常用持ち出し品と兼ねています。登山用品はコンパクトに作られていますし、山で持っていないと困る物は災害時と一緒だと思っているので、避難するときにも役に立ちます。

こちらは軽量コンパクトな湯沸かしセット。クッカー、ガス、ゴトク、バーナーヘッド、マッチ、トイレットペーパー（予備）、水筒（予備）、浄水器、おやつ、コーヒーなど。

イラストレーター・防災士。登山経験を活かしたコミック多数。「もしも…に慌てない　登山式DE防災習慣 お役立ちコミックエッセイ」（講談社）では、登山と防災の共通点を描いている。

2章

CHAPTER.2

道具とスキル

アウトドア道具の役割は何かに特化している物が多いですが、複数の用途を果たす物もたくさんあります。例えばハンモックは寝具にもタンカにも風呂敷みたいにも使えます。ひととおりの道具を揃えること以上に、どんなことに使えるかを創意工夫できる想像力も大切です。

備えておきたいツール

避難時に備えて、まずは「衣・食・住」を基本として、それをこなせる道具や装備を、すぐに使える状態にしておきましょう。調理と就寝場所、防寒を中心に必要なツールを整えます。

チェック表
- ☐ クッカーとバーナー
- ☐ ナイフ
- ☐ マルチツール
- ☐ ランタン・灯り
- ☐ ソーラーバッテリー
- ☐ 焚き火台・
  ウッドストーブ
- ☐ テント
- ☐ タープ
- ☐ ロープ
- ☐ 寝袋
- ☐ ウェア

■「衣・食・住」を確保する

非常時でも、アウトドアでも人が生活する以上は「衣・食・住」が基本です。そこをしっかり備えておけば、命を守ることができるでしょう。いろんな状況に対応できるよう装備をしましょう。

> 道具として代替の効かないもの、工夫で応用できるものを常備

 CAUTION ツールは定期的にチェックする

- ●年に数度はキャンプなどで使って、ついでに手入れを
- ●消耗品は使用期限を確認して、消費&交換を

「食」のツールを優先的に揃える

人は通常、1日3回食事をします。災害が起こって、直近の命の危険を回避できたら、次は食事の心配をしなければなりません。食材を切ることができ、お湯が沸かせたら、当面の危機は乗り越えられるでしょう。

■最低限必要な調理器具

クッカー（鍋など）とナイフがあれば、だいたいのことはできます。クッカーは家族の人数でサイズを決めます。ナイフは1本でもまかなえますが、片方を調理用にするために2本備えておきましょう。

■調理の火元を確保する

ガスバーナーは便利ですが、ガス缶の量を考えると常時使えるとは限りません。同時に暖をとることも考えて、焚き火台を1セット備えておくと、災害時に応用ができます。

季節に応じた「住」と「衣」を。

夜は毎日きます。寒さはただちに生命の危機に直面します。寝られる場所の確保や防寒対策のため、事前の準備が肝心です。

■生活の基本を整える

人数に足りるサイズのテントとタープを用意しておきましょう。また、寒い時期は濡れたり寒かったりすると危険なので、着替えと防寒は十分に対策します。夏であれば暑さ対策が最優先になるでしょう。当面の生命の危機を回避することが重要です。

●必要な物をすぐに運び出して使える状態に維持しておく。
●使いみちの幅が広いものは、複数揃えておく。

クッカーとバーナー

災害時はとにかく早めに温かい食事でひと息つけるようにしたいもの。手早くお湯を沸かせる手段を備えておくべきです。家族の人数に合わせて十分なサイズのクッカーとバーナーを揃えましょう。

■大型1つよりは小型を2つ

大型のクッカーでは、なかなかお湯が沸きません。小型のものを複数持つのがいいでしょう。フタを取ると小鍋にもなるタイプのケトル（クッカーケトルなど）は重宝します。1つは持っておきましょう。

> 湯沸かしは
> キャンプでも
> 非常時でも基本

CAUTION　**サイズやスペックを把握しておく**

!
●クッカーに満杯でどの程度の水の量なのか知っておく
●手持ちの道具でお湯が沸くまでの時間を測っておく

30分で何人分まかなえるかを考える

食事の支度をはじめてから、30分で全員が食べられるぐらいを目安に、災害時の最初の食事を考えてみましょう。カップ麺やレトルト食品で十分なので、効率よくお湯を沸かして、ひと心地つけるようにします。

■クッカーのサイズは人数次第

カップ麺のお湯であれば300～400㎖、4人家族なら1.2～1.6ℓのお湯が沸かせるものを考えましょう。レトルトパックならお湯の使いまわしができますが、人数分を同時に加熱するには大きなクッカーが必要に。事前に試しておきましょう。

■便利な一体型 クッカーバーナー

一体型のタイプは500㎖ほどのお湯を数分で沸騰させることができるので、サブバーナーとして持っていてもいいでしょう。

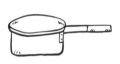

例1：2人分のレトルトのカレーとライスパックが同時に湯せんできるぐらいのサイズが理想的。30分で2回繰り返せば4人分まかなえます。

例2：直径30cm程度の大鍋なら容量は約5ℓ。少ないお湯で沸かして、4人家族のレトルトパックを一度に15分湯せんできます。

燃料の確保を考えよう

■入手しやすいカセットガス

アウトドア専用のガス缶もありますが、家庭用のCB缶（カセットガス）は支給される可能性があります。備蓄品は製造から7年を目安に入れ替えましょう。また、ガスの燃費向上には風防で囲って熱効率を高めるのも効果的。貴重なガスの消費を抑えられます。

●家族構成に見合った調理が手早くできるか試しておく。
●風防をつけるとガスを長もちさせられる。

ナイフの選び方と扱い方

災害で大変なときに、大きな工具箱を抱えて避難するわけにはいきません。いざというときにはナイフ1本でもいろいろ工夫して危機を乗りきれるように、準備しておきましょう。

■作業にも調理にも活躍

調理には包丁、薪には斧やナタと、それぞれに向いた刃物はありますが、ナイフ1本でもテクニックと工夫でさまざまな用途に使うことができます。装備が限られるときのために、練習しておきましょう。

> ナイフが1本あれば
> できることが広がる

CAUTION ナイフには日頃から慣れておこう

● 災害の大変なときにケガをしないよう
普段から練習して使いこなしておくこと

万能タイプを1本か、目的別に数本か

万能タイプのナイフなら1本だけでも、雑作業から調理までさまざまに使えます。災害時に応急用で持っておくにはちょうどいいです。もう少し余裕があれば、調理用と細かな工作用があるといいでしょう。

■アウトドア用ナイフは万能

多目的に使えるのは、アウトドア用のステンレス製のもの。水まわりの用途にも使え、強度も十分。薪に食い込ませて他の薪などで背を叩いて割る「バトニング」ができるなど、幅広く使えます。

■雑作業・調理・工作で分ける

万能ナイフ1本では刃が汚れるので、調理用にもう1本あると衛生的にもよいでしょう。工作専用に細身のものも欲しいところ。調理や工作にはナイフの刃面に段がなく真っすぐなものが向いています。

ナイフの基本的な扱い方

使わないときは必ずシース（さや）に収めておきます。抜くときは片手でシースを、もう一方の手でグリップをしっかり握り、親指で押し合うようにゆっくりと抜きます。終わったら必ず戻すことを徹底しましょう。

■ケガをしない扱い方をマスター

人に渡すときは一度置いて、それを取ってもらうようにするのが基本です。作業をするときは、体の外側で向こう側に刃を向けると比較的安全。脚の内側は急所や重要な血管が多いので、ももで挟むような作業は避けましょう。キャンプなどで木片を削ったり薪を割ったりして、普段から経験を積んでおきましょう。

●なんでも使えるアウトドアナイフと、調理用があるとよい。

●災害時のケガは大敵。急所に刃を向けたり致命傷になることは避ける。

マルチツールを活用する

ナイフ1本で工夫していても、あと一歩のところで専用の道具があれば……というシーンに出くわすことがあります。そんなときにあるとうれしいのがマルチツール。2本目のナイフとしても使えます。

■いざというときの万能ツール

最近は簡単に開けられる缶や、ひねるキャップの瓶が多く、缶切りや栓抜きの出番は減りましたが、災害時に限って急に必要になることも。マルチツールが1つあると、いろいろな場面で活躍します。

> どんな状況にも
> 対応できる器用な
> 控え選手のようなツール

 CAUTION　使ったあとはメンテナンス

●複雑な構造なので、すき間に汚れがたまらないよう古い歯ブラシでクリーンに保つ。可動部には給油する

マルチツールで役に立つ8つの機能

メインはナイフ。缶切り、栓抜き、マイナスドライバーはだいたいのモデルにもあります。キリ、プラスドライバー、ハサミもできれば欲しいところ。毛抜きも災害時には出番が多くなりそうです。

■基本のスイスアーミーナイフ

マルチツールの代表格といえば、やはりスイスアーミーナイフ。メインのナイフをはじめ、何種類ものツールが1つにまとめられています。バリエーションも豊富です。

■プライヤータイプも重宝

折りたたみ式のプライヤーの柄に、ナイフや缶切りなどのツールが仕込まれているもの。針金で応急処置するときなど、プライヤーの代わりになるものは意外に見つかりにくいので、あると活躍します。

珍しい機能のマルチツール

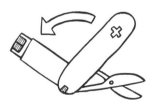

■普段から使えるマルチツール

マルチツールも進化していて、USBメモリを備えたものもあります。持ち歩いて日常的に使ってもいいし、非常時の連絡先や、住所録など重要なデータを収めておくこともできます。ボールペンやLEDライトなどを備えたものもあります。

●お気に入りのマルチツールを探して、備えておこう。
●汚れの除去や、可動部の手入れなどは欠かさないように。

灯りを確保しよう

避難時やその後の生活で、危険度の高い時間帯は夜です。停電して非常灯も切れてしまえば、何も見えません。灯りの確保は優先度の高い課題です。ヘッドライトのほかにランタンなどを備えましょう。

■人は暗闇では自由に動けない

暗闇で瓦礫が散らばる中を進むのはかなりリスクが高いです。まずは確実な灯りを確保することが、災害対策では重要になってきます。移動するときはヘッドライトがあると両手が使えて安全です。

> 灯り1つで、安心と安全が確保できる。見えることは大事

 CAUTION　小型ですぐ点く光源を備える

●居住空間の大型の灯り以外に、すぐ点けられるものを
●定期的にメンテナンスする

居住空間には2種類の光源を確保しよう

移動に使うヘッドライトのほかに、居住空間には据え置き用のランタンなどを用意します。そこでガス＋電池や電池＋焚き火というように、燃料の違う光源を2種類以上用意しておくと状況に応じて使い分けられます。

■バーナーと同じ燃料で選ぶ

ランタンにはいろいろな種類がありますが、調理用のバーナーと同じタイプの燃料にしておくと融通がききます。カセットガスタイプのランタンも各社から出ているので防災用に入手しておきましょう。

■LEDランタンが安全

最近主流なのはLEDタイプのランタン。乾電池タイプもありますが、充電バッテリータイプもたくさんあります。明るく、長もちで、車内やテント内でも使えて安全。使いたいときにすぐに点けられるのもメリットです。

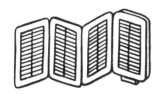

■灯りになって暖もとれる

ガスランタンもLEDランタンも燃料や電池が尽きればそこまで。避難生活が長期化すると、使えなくなることもあります。焚き火台もあれば、灯りになるのと同時に暖もとれて一石二鳥です。

長期の避難にはソーラーバッテリーを

■昼のうちに充電して備える

ソーラーバッテリーを備えておけば、充電タイプのLEDランタンに使え、ひと晩の灯りとして使う分ぐらいの電力は確保できます。スマホの充電にも使えて重宝します。

●燃料・バッテリーは定期的にチェックする。

●「火とライト」のように、異なる光源を用意しておきたい。

焚き火台と
ウッドストーブ

電力の供給や灯油の配給がないとき、暖をとれる手段は焚き火ぐらいしかありません。焚き火台なら、同時に灯りにもなり、調理もできますから、ぜひとも用意しておきたいツールです。

■灯り、調理、暖房の
すべてをまかなえる

焚き火台は火をおこせば灯りになり、鍋でお湯が沸かせ、暖もとれます。燃える火を見ていると心が安らぐともいわれ、災害で不安な気持ちを和らげる効果も期待できます。

明るく、おいしく、
暖かく、安らぐ。
焚き火台があってよかった

CAUTION 火傷には十分な注意を。後始末も念入りに
- ●火を扱うので、十分な注意を
- ●必ずひとりが火の番をすること。後始末も水で確実に

焚き火台で焚き火の自由度が上がる

焚き火は、直接地面でもできますが、後始末や環境のことを考えて焚き火台を使いましょう。折りたためばそれほど大きくないですから、避難が長期化するときに持ち出すといいでしょう。

■焚き火台は組み立て式

焚き火台はメーカーによって形状や構造が違いますが、どれも組み立て式で多くは土台の上に逆四角錐の本体があり、その中にロストル（炭受け）があります。上に網を敷いて調理に使うこともできます。

■焚き火台なら移動できる

地面で焚き火をするのと違い、焚き火台を使っていれば場所の移動も簡便です。避難場所が変わったり、風向きやテントサイトのレイアウトが変わるなど、環境の変化にも対応することができます。

■簡易なウッドストーブ

落ち葉や枯れ枝などを拾って燃やす小型のウッドストーブもキャンプでは人気のアイテムです。特別な燃料がなくても、湯沸かしや簡単な調理ができて便利。小さくコンパクトにたためます。

フェザースティックのつくり方

■燃えにくいときに大活躍

薪に火がつきにくいときは、ナイフで薪を薄く削ってフェザースティックを作ります。うまく削れば着火剤なしでも火がつけられます。また、濡れた薪でも表面を削ることで着火しやすくできます。

●環境のことを考えて、直火ではなく焚き火台を使用しよう。
●冬場の避難生活が長期化するときはとくに重要なアイテムになる。

テントの選び方

災害の避難中でも、家族のプライバシーや安全は守りたい。そんなときにテントが1つあれば、雨露をしのぐことも、人目を遠ざけることもできます。家族の人数に合わせて選びましょう。

■屋内でも屋外でも テントがあれば◎

避難所生活の悩みでよく聞かれるのは、プライバシーのこと。「見られる」のは大きなストレスです。そこに手持ちのテントがあれば、最低限ではあっても自分の生活圏を囲って、守ることができます。

> パーソナルスペースが あるだけでも心は 落ち着きを取り戻す

CAUTION 設営のしやすさで選ぼう

●防災を意識するなら、設営しやすいものを
●避難所内でテントが設営できるか自治体に確認する

災害時に応用が効くタイプのテントは

テントのカタログに記載されている使用人数は、何もない床にべったり並んで何人寝られるかというもので、荷物のスペースは含まれません。実際の人数プラス1～2人ぐらいを目安にしましょう。

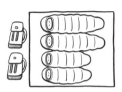 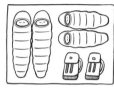 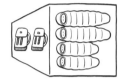

家族全員が寝られ、荷物も中におけるサイズなら、少し余裕のある避難生活ができるでしょう。

■ドームタイプは

今主流のドームタイプのテントは、クロスさせた2本のメインフレームで自立させる構造なので、ペグが打てない体育館の避難所やアスファルトの上でも設営が容易です。設営後に移動が容易なのも◎。

■モノポールタイプは

中央に1本ポールを立てて張るタイプのテントは、屋根が高いのが特徴。避難生活が長期におよぶ場合、立ち上がれることが意外と重要です。成人男性が立って着替えられるのが理想です。

テント設営は練習しておこう

非常時に慣れないことはうまくいきません。家の中や庭でもいいので、何度か家族全員で練習して、誰でも設営ができるようにしておきましょう。

■設営と撤収を10分以内に

構造と設営手順を正しく把握できていれば、それほど時間はかかりません。撤収も、きちんとたたむのは後回しで、まずは10分程度で移動開始できるくらいまで扱いに慣れておきましょう。

●テント選びは人数＋荷物スペースも考える。
●必要になったらすぐに設営・撤収ができるように練習しておく。

タープの選び方と使い方

日よけと雨よけという2つの用途はもちろんですが、覆って生活する空間を作り出すことも、タープの利点です。落ち着ける場所があるということが避難生活のストレス軽減になるのです。

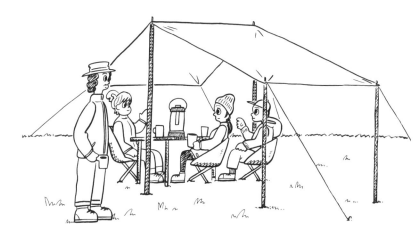

■長方形のタープがアレンジ自在

タープにはいくつかの形状がありますが、正方形や長方形のタープがオススメです。一般的にタープは2本のポールで張りますが、ポールを追加することで左右非対称にアレンジして張ることができ、場所や状況に応じた設営ができます。

> 雨や日差しをタープで遮って、落ち着く空間を作り出す

CAUTION **風のあるときは低く張る**
- ●風があれば全体にテントと同じぐらいまで下げて張る
- ●台風などの強風時は無理をせず撤収する

タープ5段活用

屋根として使うのはもちろんですが、シート1枚だけのタープは、さまざまに応用することができます。タープ1枚あるだけで、避難生活の快適さがかなり変わってきます。避難生活が長期化するときは不可欠です。

■リビングの屋根にする

最も基本的なタープの使い方です。食事や休憩の場としてリビングスペースを作ることで、テントは寝室として分けられ、避難生活にメリハリが出てきます。テントとタープが一体型のものもあります。

■二重のフライシートにする

テント内は雨音がかなり響くので、雨の中で眠るのは難しいものです。テントのフライシートのさらに上にタープを張ることで、直接の雨だれをなくせばだいぶ静かに過ごせます。

■タープだけでもビバーク可

要救護者がいて移動が困難なときなど、タープを使って一時的な避難場所を作ってビバーク（退避）することもできます。樹木や設置物を使って、アレンジして張ることもできます。

■くるまって保温のカバーに

タープに直接くるまることで保温ができます。テントの中、寝袋だけでは寒いときや、要救助者の保温が必要なときなど、風を通さないタープが活躍します。

■荷物を隠すカバーに

雨が降りそうなとき、食材や薪など濡らしたくないものにかぶせておくのもタープの使い方のひとつです。防犯の意味もありますが、カラスなどの野生生物からの被害を防ぐことにもなります。

●手持ちのタープをいろいろアレンジして張る練習をしよう。

●上に張るだけでなく、シートとしてさまざまに使うこともできる。

ロープとロープワーク

あらかじめ人間のために用意されたものがない野外では、ロープ1本をどう使えるかで快適さが変わってきます。想定外のことが起こる災害時ならばなおのことロープワークは重要になります。

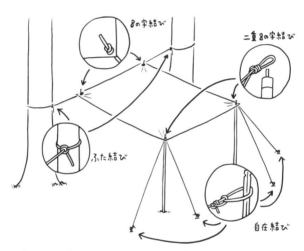

■ロープとシートで 手早く生活スペースを

テントやタープなど専用のアイテムがなくても、ロープを駆使すればブルーシートなどを天幕として張ることができます。そのときにいくつかの結び方をマスターしていれば、よりスピーディに設営できるでしょう。

> いくつものロープ
> ワークを駆使して、
> 快適な空間をつくる

 CAUTION　ロープの取り扱い

●古いロープは使わない。メンテナンスをこまめに
●ロープが傷むので、踏まないよう注意する

覚えておきたい2つのロープワーク

ブルーシートやタープ、テントなどを張る場合によく使われるのが「ふた結び」と「自在結び」です。まずはこの2つを正確に覚えておけば、多くのシーンでロープを活用できます。練習しておきましょう。

■ふた結び（ツー・ハーフ・ヒッチ）

木や柱などにロープをくくりつけるもの。ひと結びを2回繰り返して補強しています。しっかり結べていても、ほどくのは簡単なのが特長です。

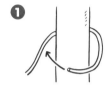

木の後ろを回し、下から通す。

上から回し込んで手前のロープの下に。

もう一度下から通す。

手前のロープに絡めて中を通す。

しめる。

■自在結び（トート・ライン・ヒッチ）

柱やペグなどに結んで、あとから張りの強さを調節できる結び方。これでシートをしっかり張れます。

柱の後ろを回し、下から通す。

上から回し込んで手前のロープの下に。

もう一度下から通して、内側にもう一度巻きつける。

外側にもう一度結び目を作ってしめる。

図のようにできたら完成。

手前の結び目を動かして、ロープの張りを調節できる。

緊急時に大活躍するロープワーク

強風の中で、ロープで何かを支えたり、遠くにロープを投げたりするときなどに使える結び方です。キャンプなどで何度も結び目を作って、体で覚えておくとよいでしょう。

■もやい結び（ボー・ライン・ノット）

柱などに縛りつけず、ロープの輪の大きさを固定できる結び方です。柱がなくても輪をつくれます。あとで調節ができないので先に輪の大きさを決めるのがコツです。

手前に輪を作り、向こう側にロープを回す。

回したロープを手前の輪に通す。

輪を通したロープを下から回す。

下から回したロープを小さい輪に通す。

輪の大きさを決めて結び目をしめる。

しまった結び目は動かないので木との間に隙間をつくることができる。

■救助にも使える結び

巻き結びでロープをペットボトルなどにくくりつけます。2リットルぐらいのペットボトルに少し水を入れて、振り回せば遠くに投げることができます。

指にロープを2回ほど巻く。

指を抜いて輪の前後を入れ替える。

輪を重ねて少し広げる。

ボトルの口のくびれに通してしめる。

ロープがほどけないように端に結び目を作る。

ロープをつなぐロープワーク

ロープはあるが長さが足りない。もう1本つなげば届く、などというときに手早く確実につなぐことができれば、ロープの可能性はさらに広がります。応用が利くロープワークです。

■フィッシャーマンズ・ノット

そもそもは釣り糸をつなぐための結び方。2本のロープをしっかりつなぐことができるので、覚えておくと重宝します。

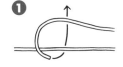

右ロープを左ロープの手前から後ろに回す。

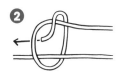

右ロープを上から回し込んで中に通す。

左ロープを手前から上に回す。

左ロープを下から手前に回して中を通す。

それぞれの結び目をしめ、左右にひく。

しめる。

ロープのまとめ方

ロープが絡まったままでは使いたいときにすぐにロープワークを活かせません。使い終わったときは習慣的にきれいにしまえるようにまとめ方を身につけておきましょう。

■使わないロープは
きちんとまとめる

ロープの太さや長さ、ザックなどの収納サイズに合わせて折返しの長さを整えます。ほぐすときは中を通した端を抜けば、簡単にきれいにほぐれます。

親指と小指に8の字にロープを巻く。

手から外し、ロープの残りをぐるぐると巻く。

輪の中を通してしめる。

●ロープワークは何度も練習して覚えておく。
●ロープはいつでも使えるようにきれいにまとめておく。

寝袋の選び方

寝袋は、避難生活で大活躍してくれる重要アイテム。使い方や使用者、地域の気候などに合わせて適したものを選びましょう。スリーピングマットも用意しておけば快適です。

■使用温度帯を把握しよう

寝袋には快適温度と限界温度が書いてあることがあります。限界温度とは、その寝袋を使用できる限界の気温のことですが、これはしっかりと着込んだ状態でのこと。この数値が低ければ性能も高いですが、収納時のサイズも金額も大きくなります。

■睡眠は避難生活の基本

避難生活ではなかなか寝つけず、疲労が蓄積し健康を損ねることも少なくありません。普段と違う環境でもしっかり眠れるように、寝袋とスリーピングマットはベストなものを選んでおきましょう。

快適な睡眠が、
長期の避難生活を
支えてくれる

CAUTION **寝袋には慣れておく**

●慣れないと寝つきにくい人は、慣らしておこう
●とくに子どもは何度か試しておくとよい

寝袋の種類と選び方

寝袋には大きく2つのタイプがあります。封筒タイプは比較的安価で、マミータイプは高機能なものが多い傾向です。家族構成に合わせて揃えておきましょう。使用後はしっかり干してカビの発生を防ぎましょう。

■手軽に使える封筒タイプ

長方形の寝袋。かさばりますがジッパーを全部開ければ広げられるので、ブランケットやラグマット的にも使えて応用が利きます。子ども用や、予備の寝袋として用意しておくのもいいでしょう。

■寒い時期はマミータイプを

マミーとは「ミイラ」のこと。体にそった形状で保温力が高くなっています。コンパクトに収納することも可能。耐用温度が低いものがあるので、寒い地方や冬用にはマミータイプを用意しておきます。

スリーピングマットの選び方

寝袋だけでは床の硬さや地面の歪み、冷たさが気になって寝つきにくいことがあります。スリーピングマットがあれば格段に快適になります。

空気を入れる
エアタイプ

ウレタン製の
折りたたみタイプ

■コンパクトさか便利さか

エアタイプはコンパクトですが、準備と片づけに時間を取られます。折りたたみタイプは便利ですが、かさばってしまいます。どちらも一長一短ありますが、両方持っておくと応用が利くでしょう。

●寝袋もマットも、家族全員の分が同じ物である必要はない。

●カビや匂いのケアを普段からやっておくのが快適の秘訣。

機能的なウェア

アウトドア用のウェアは高機能で、避難生活にも適しています。気温や活動によって調整ができるようにレイヤー（重ね着）で着こなすのが基本になるので、避難時セットとして確保しておきましょう。

■レイヤーで調節しよう

1枚の衣服だけであらゆる状況に対応するのは不可能。「レイヤー」でうまく組み合わせて着るのが基本です。衣服の特性を知って、上手な重ね着で変化の激しい天候でも快適に過ごせるよう工夫を。

> 1枚で万能なウェアはない。
> 組み合わせて機能的に
> 着こなすことが大事

 CAUTION メンテナンスはこまめに

●季節の変わり目ごとに夏用と冬用とで備える
●非常用持ち出しセットに入れた場合、定期的に虫干しを

体温をキープする着こなし術

寒い時期、レイヤーでの着こなしは重要です。肌に触れて吸湿するインナーレイヤー、中間層で保温するミッドレイヤー、外からの寒気を遮断するアウターレイヤーの三層構造で体力の消耗を抑えましょう。

■インナーは速乾性・吸湿性を重視

インナーレイヤー（ベースレイヤー）は素材が重要。綿または化繊が基本になりますが、オススメはメリノウールで、着心地がよく吸湿性にも優れ、温度調節がしやすいという特長があります。

■ミッドレイヤーに空気層を

中間層で保温を担当するレイヤー。ここをいかに温めるかが重要になります。吸湿・速乾・保温を兼ね備えたフリース素材のジャケットがベスト。また、冬場はダウンジャケットもミッドレイヤーとして使います。

■アウターは防風・防水

一番外側で風や雨を防ぎ、ミッドレイヤーの暖気を守ります。冬ならマウンテンパーカーになるでしょう。春・秋ならウィンドシェルを。赤や黄色などの目立つ色の物がよいでしょう。青も自然界では目立ちます。

雨天に行動できる装備を

災害時は悪天候のことが多く、外で活動することも多くなります。両手が使えるように、レインウェアも避難時セットに含めておきましょう。

■悪天候でもアクティブに

防水処理をしたレインウェアの上下が基本ですが、急な天候の変化にも対応できるポンチョタイプのものも持ち出し品の中に含めておくといいでしょう。コンパクトにたためるし、ザックを背負っていても、使用できます。

●三層のレイヤーを意識した着こなしを用意する。
●寒いとき、雨天のときでも行動できる服装を準備する。

災害時の荷物運び

普段近所に出かけるのであれば、トートバッグや紙袋に手回り品を入れて運ぶのでいいかもしれませんが、災害時は少しの移動でも過酷になります。トレッキングか登山に行くぐらいの覚悟を。

■登山用ザックだけで急ぐ

容量と背負いやすさでは登山用ザックがベストです。非常用持ち出し品をパッキングして常備しておきましょう。緊急避難ではザックだけで避難を開始します。ザックは背中の保護にもなるし、いざとなればタンカに使え、水も運べます（P39）。

■時間的に余裕があれば
カートで長期用の物を

一時帰宅ができたり、避難までに時間的余裕があるときは、長期避難用の持ち出し品（テントやタープ、寝具などかさばる物）をカートなどを使って運びます。

> 非常用持ち出し品は
> ザックで運ぶ。
> 長期用の物はカートで

CAUTION まずはザックだけで逃げ、時間があればカートを

●急いで避難するときはザックだけで両手をあけて
●長期化が予想されたり時間のあるときはカートで運ぶ

災害時のパッキング（常備用）

非常用持ち出し品をザックにパッキングするときは、移動しやすさを考えると、重い物の位置が重要になります。また雨天のことも多いので防水にも気をつかいましょう。すぐ使う物は一番上に収めます。

■重い物は上側に

食料や水など、重量のある物は、背中に近い側になるように入れましょう。高い位置にして重心が高くなるようにすると、疲れにくく、悪路でも歩きやすくなります。登山でも使われるノウハウです。

■すぐ使う物はすぐ出せる位置

救急キットや衛生用品など、急に出番がきたり、頻繁に出す必要がありそうな物は上側に入れましょう。スマホのバッテリーなども、早い段階で必要になるので、わかりやすい位置に収めておきます。

■防水パックを活用する

台風や大雨の災害なら、移動でずぶ濡れになってしまいます。洪水などで水の中を移動する可能性も。貴重品や下着などは、防水パックに収めておきましょう。

ザックで防寒もできる

ザックは就寝時には中身を出して足を入れれば、それだけでだいぶ暖かくなります。

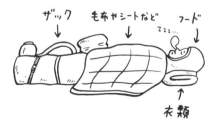

■避難所では防寒具に

非常用持ち出し品のザックに、寝袋やスリーピングマットなどのかさばる寝具までは入れられません。寒いときは足をザックに入れ、毛布やシートなどを二つ折りにして体にかければ、保温力を高めることもできます。

●災害時の移動は、動きやすさを第一に。
●雨や水にかかわる災害は多い。防水パックを活用しよう。

カヤッカーの道具
鈴木克章さんの必携品

パワーテープ、毒吸ポンプ、ホイッスル、ライター、ロープ、ヘッドライト、シュノーケル、コット（簡易組み立てベッド）、フライパン

生きるとは食べること・寝ること

　災害時においても不可欠な要素は食べることと寝ることです。ライフラインが閉ざされて食料が乏しいときでも安心してください。この世界は「命」であふれています。非常時であれば、できる範囲で狩猟採集をすればいいのです。そのための必要最小限の道具を備えています。ヘッドライトとライターは必ず持っていきます。コットは疲れた夜でもしっかりと熟睡することができ、免疫力を回復させてくれます。それと、必要な道具があれば自分で作るという発想も大切です。

フライパンは壊れない。叩く・投げる・掘るが可能。海水を煮て塩の入手、川水を煮沸して飲料水の確保、野草のアク抜き、生肉の加熱調理など汎用性が高い。

静岡県浜松市在住。1200日間連続の手漕ぎソロキャンプ・氷河からのガンジスカヌー旅・台湾から沖縄へと丸木舟渡海などの経験を持つ。

3章
CHAPTER.3

避難シミュレート

実際に避難が必要になる状況を想定して、避難行動や避難生活をシミュレーションしておきましょう。自宅や宿泊施設以外で生活することになると、思わぬ出来事やトラブルもありストレスになりますが、事前に想定して備えておくことで少しでも軽減できるはずです。

避難の判断は どうするか

テレビやラジオのニュース、天気予報で最新情報をチェックして、自治体の防災放送も聞きのがさないようにしましょう。警報や注意報の発令状況を確認し、避難のタイミングを考えます。

警戒レベルと防災気象情報の関係

警戒レベル	参考となる情報	避難情報など	取るべき行動
警戒レベル**5**	氾濫発生情報 大雨特別警報（浸水被害） 大雨特別警報（土砂災害）	災害発生情報	すでに災害が発生している状況であり、命を守るための最善の行動を取る
警戒レベル**4**	氾濫危険情報 洪水警報の危険度分布（非常に危険） 土砂災害警戒情報など	避難勧告 避難指示（緊急）	指定緊急避難場所などへの立退き避難を基本とする避難行動をとる。災害が発生するおそれが極めて高い状況などとなっており、安全な場所へ移動する
警戒レベル**3**	氾濫警戒情報 洪水警報、洪水警報の危険度分布（警戒） 大雨警報（土砂災害）など	避難準備 高齢者等避難開始	高齢者は立退き避難する。その他の者は立退き避難の準備をし、自発的に避難する
警戒レベル**2**	氾濫注意情報 洪水警報の危険度分布（注意）など	洪水注意報 大雨注意報	避難に備え自らの避難行動を確認する
警戒レベル**1**		早期注意情報 （警報級の可能性）	災害への心構えを高める

避難勧告等に関するガイドライン①より抜粋（内閣府）

■避難計画を考えておく

自分たちの家族構成や避難所までの距離などを考えて、どのレベルの情報が入ってきたら行動開始するのか、相談して決めておきましょう。仕事先や外出先ではどうするかも相談しておきます。

> 警戒レベル3以上になったら、避難を開始する状況です

CAUTION　警報がでたらとるべき行動を開始

● 警報発令に耳を傾け、レベルに応じた行動を開始する

● 避難するレベルに達していなくても、状況に応じて早めに動く

情報収集が避難判断の基準

台風や大雨など気象に由来する災害は、天気予報などである程度事前に状況を予測できます。メディアや自治体からの情報とSNSなどでの情報も含めて、総合的に判断します。

■テレビ・ラジオ・インターネット

マスコミの報道や自治体の災害情報がまず第一になります。SNSもチェックして付近の情報収集を行いましょう。近隣の河川にWebカメラがある場合は、水位の経過も観察できます。

■停電への対応も忘れずに

停電してしまうと、テレビやインターネットは使用不能になる恐れがあります。スマホやラジオ（電池式）などでの情報収集が頼りですから、乾電池の確保やバッテリーの充電は早めにしておきましょう。

どこへ避難するか

市区町村の役所・役場でハザードマップや避難の手引きなどを手に入れます。Webサイトで公開していることもあるのでチェックしましょう。

■災害の種類で避難先は変わる

洪水などの場合は「屋内安全確保」となることが多く、屋内に入り、同じ建物の中でより上の階などへ避難します。「垂直避難」ともいいます。震災や土砂災害では、危険が迫ったらただちに広域避難場所に「立退き避難」をする必要があります。その後自宅に戻れないようなら一時避難場所に移動します。「水平避難」ともいいます。

●普段からハザードマップなどで対策を相談しておく。
●自治体からの警報や天気予報を確認しながら準備を進める。

避難時に持ち出す物

「立退き避難」、「水平避難」が決まり、自宅を離れるときには常時持ち出し品と一次持ち出し品だけ持って移動を開始しましょう。状況がわかって避難が長引きそうなら二次持ち出し品を運びます。

常時持ち出し品

常に携行するため、最低限必要な物をできるだけコンパクトに収める。

一次持ち出し品

徒歩で一度で運べるように、できるだけ大型のザックを用意しておく。

二次持ち出し品

量が多いので、常に安全を優先して余裕のある運搬を心がけること。

■常時持ち出し品とは

出先で災害に遭う可能性もあります。普段持ち歩く物のほかに、ペットボトルの飲み物、少しの菓子類、ホイッスルなどもバッグに入れておきましょう。

> 常時持ち出し品と、一次持ち出し品を持って出発します

CAUTION 持ち出し品の準備は避難が決まってからでは遅い

- ●常時持ち出し品はいつも持ち歩くべきもの
- ●一次、二次持ち出し品はすぐ出せる場所に用意

一次持ち出し品に必要な物

避難した日とその夜を避難所で過ごせるだけの最低限の装備が、一次持ち出し品です。家族の人数分を準備して、いつでも持ち出せるようにザックなどにパッキングしておきましょう。

■食料と飲料

食料は1日分。カンパンやチョコレートなどそのまま食べられるものがよいでしょう。飲料水も1人2L（1日分）を目安に持ち出しましょう。

■応用が利く小道具類

ナイフなどのあるマルチツールがあれば急場はしのげます。毛抜きつきのモデルが重宝します。ロープも1本入れておきます。ポリ袋も出番が多いアイテムです。

■行動用の衣類

避難中や、避難先での行動時に必要になる衣類をザックに用意しておきます。作業用手袋や履き替え用の運動靴（スニーカー）、雨ガッパなど。悪天候のときは替えの下着も要るでしょう。

■なくなると困る貴重品

貴重品類として預金通帳、印鑑は、避難所での盗難には十分気をつけて、避難時に持ち出しておきます。

二次持ち出し品に必要な物

避難生活が長引きそうなら自宅から回収してくる物。玄関近くや庭の倉庫、車のトランクなどに用意しておきます。

■食料品・食器類

温かいものも食べられるように、缶詰やレトルト食品、インスタント食品も用意しておき、バーナーやクッカーで調理できる態勢を整えておきます。食器は紙皿＋ラップを活用し節水しましょう。

■居住空間を整える物

長期化しそうなら、テントを設営するなどでプライバシーを守れる空間をつくりましょう。テントやタープなどで仕切りや目隠しができるようにし、快適な空間をつくっていきます。

■着替えをそろえておく

天候が悪かったり、暑い時期だと着替えも多く必要になります。下着は十分にそろえましょう。急な天候の変化もありえるので、防寒具の予備もあったほうがいいでしょう。

■衛生用品など

衛生の管理は長期の避難生活で体調を整えるのに必要です。石鹸、シャンプーなどは身だしなみという以上に健康の維持のために。ティッシュペーパーやトイレットペーパーなどのサニタリー用品も。

●翌日までどうにか乗り切れるための装備が一次持ち出し品。
●翌日以降、長期化する避難に備えるのが二次持ち出し品。

災害別避難スタイル

災害によって避難の仕方は変わってきます。車で避難できるのか、すぐに必要なものは何か、長期化は視野にいれるべきか。普段からシミュレーションして備えておきましょう。

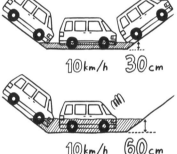

10km/h ぐらいの低速で通過しようとするとき、水深が60cm以上あると、急にアンダーパスが越えられなくなる。

■車の避難は
アンダーパスに注意

水没しているアンダーパスの水深を見た目で判断するのは難しいものです。ほんの少し目測を誤っただけでも立ち往生することがあります。迂回ルートも考えておきましょう。

水深が少し違うだけで車は急に動けなくなる

CAUTION 災害によって避難方法は異なる

● 車で避難できない状況やルートを考えておく

● 季節に応じて、今なら何が必要か家族と相談しておく

台風・大雨の（洪水・土砂災害がない）とき

台風などは、移動しやすいうちに避難の判断ができるかどうかがポイントです。自治体からの通達をチェックしながら、スピーディに行動しましょう。

■早めの避難

台風などは悪天候がピークになってからでは移動もままなりません。天気予報や自治体の情報をリアルタイムでチェックして、避難所が設置されたら早めに移動を開始しましょう。

■食料より防寒を優先

避難はそのときに生命に危機がないことが重要です。食事を抜いてもすぐには死に至りませんが、低体温症になれば朝まで保ちません。寒い時期は防寒具を多めに用意しておきましょう。

地震・洪水・土砂災害のとき

大地震や津波、洪水、土砂崩れなどは、被害の発生が続く可能性も高くなります。避難の長期化も視野に万全の対策を心がけましょう。

■二次災害に留意

地震のあとには、津波や土砂災害の危機が迫ります。地震がおさまったからと油断せず、情報を収集し、状況を確認して避難を開始しましょう。すぐにその場から離れる必要もあります。

■長期化に備える

広域で被災してインフラが損なわれたり、家を失うような大災害に見舞われたら、避難が長引くこともあります。可能なら自宅から長期避難用品を回収して、少しでも快適な環境を整えましょう。

移動・行動の注意点

避難所の場所や避難ルート、災害の種類で移動手段は変わってきます。とくに地震の場合、突発的に余震が起こって二次災害の可能性もあるので、早急に広域避難所への避難を開始するべきです。

■避難は徒歩が基本

すぐに立退き避難が必要になる震災の場合は、渋滞に巻き込まれるとかえって危険です。広域避難所は混雑する可能性もあります。周囲に注意して徒歩で移動を開始しましょう。

一次持ち出し品だけ持って広域避難所まで行く

CAUTION 基本は徒歩で。車は使わない

●緊急車両の邪魔になるので、車の使用は避けてできるだけ徒歩で移動する。

家の中での注意ポイント（地震の場合）

地震では命を守ることを最優先に、揺れがおさまるまでは机の下などに隠れてやり過ごします。揺れがおさまったら足元に注意して出口の開放と火元の始末を行います。出火していたら初期消火を。

■揺れたら机の下へ

最初に自分の身を守る行動をとりましょう。丈夫なテーブルなどの下に隠れます。窓からは離れましょう。

■裸足で歩かない

地震がおさまったあとは、床にガラスや食器などの破片などがあれば、厚手のスリッパなどを履きましょう。

■扉や窓を開け、火元を始末

次の揺れが来る前に、手近なドア、玄関、窓などを開けて、脱出口を確保します。火の始末は身の安全を確保してから確実に行いましょう。

家の周辺の注意ポイント（地震の場合）

避難を開始して家から出たら、崩れるかもしれないブロック塀の近くや倒れた電信柱はできるだけ避けて歩きます。電線が切れてたれ下がっている場合は非常に危険です。

■塀から離れ、頭を守る

ヘルメット（クライミング用が頑丈）や防災頭巾で落下物から頭を守りましょう。少なくとも帽子は必要です。あとから崩れてくる塀や、建物の外壁もあるので、足元や頭上に気をつけながら、路肩はなるべく避けて移動します。

■電線に注意する

地震や台風の影響で電線が切れてしまうこともあります。絶対に触らず、距離をあけて通過しましょう。電線に直接触れなくても、木や看板などに通電していたら危険です。

水害時は事前予測が大事

台風や大雨の影響で、河川が氾濫することもあります。天気予報などのリアルタイムの情報とハザードマップから、近隣の危険を事前に予測することが重要です。近年は集中豪雨の被害も大きくなっています。

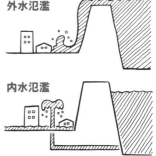

外水氾濫

内水氾濫

■川や用水路から離れる

一気に降水量が増えると、用水路や河川から水があふれ出します。想像以上に急激に水量が多くなりますから、絶対に近づかないようにしましょう。避難の際は迂回しましょう。

■低地から退避する

水が堤防を越えてくる「外水氾濫」ばかりではなく、下水道などが逆流してマンホールから大量の水が吹き出す「内水氾濫」も起こります。自宅が低地の場合は、早めに避難しましょう。

氾濫したら歩けるうちに移動する

予想外に被害が大きく、すでに川が氾濫してしまった場合、泥水の中を移動しなければならないこともあります。避難所まで歩ける距離なら水深が浅いうちに移動を開始して、事態の悪化を回避しましょう。

■歩ける水深はひざ下まで

すでに川が氾濫した場合、歩いて行けるのは大人のひざ下までの水量です。泥水で足元が見えないので、底の厚い運動靴で、棒などを突きながら移動します。ザックを前後に持てばフロート代わりに。子どもはロープで浮き輪などを引いて安全対策をします。

夜間の避難は懐中電灯が必須

災害時は、夜間の避難を余儀なくされることもあります。暗い中での使用に適した道具を用いた慎重な移動が必要になります。

■両手が使えるヘッドライトが◎

懐中電灯は必須アイテム。なかでも両手が使えるヘッドライトがオススメです。手元や足元を照らせるものを併用するといいでしょう。電池の点検は定期的におこないましょう。

■足場に注意してゆっくり

歩き慣れた近所の道でも、暗闇では勝手が違うこともあります。震災時は落下物や地割れなどのおそれもありますから、あわてずゆっくりと避難所まで歩きましょう。子どもの手は離さないように。

SNSをチェックする

被災直後は電話が集中し、うまく通話できないことも多くなります。災害用伝言ダイヤルや、SNSなどを利用しましょう。

■家族間の安否はSNSを活用

スマートフォンが使用可能なら、家族との連絡にSNSなどのインターネットサービスを活用しましょう。避難先や近所の被災状況を伝え、互いに正確な情報を共有して行動しましょう。

●災害の種類によって、それぞれ適した対応を準備しておく。

●まずは命を守り、安全な方法とルートで避難所へ。

避難所で
キャンプ道具を使う

大きな震災や洪水などで、すぐに自宅に戻れない規模の災害では、数日間から数週間以上の避難生活を続けることになります。多くの人が暮らす避難所で、少しでも快適に過ごせる工夫をしましょう。

■キャンプの経験が避難のプラスに

キャンプ道具の扱い方、スキルと工夫など、普段のキャンプでつちかった経験を生かして、ストレスの少ない生活が送れるように、知恵をしぼっていきましょう。また、キャンプができない人への配慮を忘れずに。テント、タープや火器類の取扱いに慣れてない人には手を貸しましょう。助け合いの精神が大切です。

> 避難ではキャンプの道具とテクニックを活用、助け合うことが大切！

CAUTION ルールを優先し、助け合いの精神で

- 自治体・避難所のルールを確認し、禁止事項はしない
- 普段から自治体や近所との接点を持っておく

避難所のルールを確認する

避難所には大勢の被災者が集まります。自治体などから示されるルールを遵守し、それ以外のことも譲り合いの精神で、無事に過ごせるようにしましょう。情報源として近所などに接点を持っておくことも重要です。

■避難所での
チェックポイント

☐連絡先の申告

☐家族などの安否確認

☐掲示板など避難所内の
情報ルートの確認

☐居住スペースの確保

☐トイレ、洗面所など利用状況の確認

☐水の調達先を確認

☐食料・物資の配給場所を確認

☐防犯対策の確認

☐家族の体調を確認

☐ゴミ処理の方法・ルールを確認

☐喫煙、ペットなどのルールを確認

☐感染症対策を確認

■要配慮者の
チェックポイント

☐けが人や病人が周囲にいないか

☐更衣室などがあるか

☐授乳室があるか

☐妊婦や乳児はいるか

☐孤立している子どもがいないか

☐困っている高齢者はいるか

☐孤立している外国人はいるか

テントが使えるか

避難所の割当てブースでテントが使えない場合があります。自治体のルールを確認してみましょう。

■屋内でコンパクトに設営

避難所のブースの面積は、4人で3m四方程度で配置されることが多いです。自分のテントのサイズを知っておきましょう。

火は使えるか

避難所に火の扱いについて事前に必ず確認します。もし火が使えるなら、場所や時間を守り、正しく運用しましょう。

■焚き火は煙の流れに注意

避難所での焚き火は風向きや風の強さに気をつけましょう。とくに居住スペースに煙が流れないよう注意しましょう。

■火の始末は確実に

消火器か防火バケツをそばに用意し、いつでも消火できるようにしておきましょう。火を消すときは完全に消えるまでその場を離れず、水をかけて完全に消火をしましょう。

避難所での場所選び

避難所では割当場所が決められている場合もありますが、敷地内で融通がきく場合もあります。どこでも大丈夫なら、長期化に備えて車の横にテントなどを設営するのがベスト。貴重品の管理もしやすいです。

■十分な距離感を確保したい

車とテントで空間を遮蔽することで、近隣の他者に対して距離感が作れて、プライバシーを確保できます。

舗装されている場所でのテント設営

アスファルト舗装されているところや、敷地内のコンクリート部分などでテントの設営をしなければならないこともあります。凸凹が少ないのはいいですが、硬くて熱かったり冷えたりとテント生活には不都合なことも多くあります。

■地面からの熱気・冷気・湿気

土や草地に比べ、アスファルトなどの舗装部分は、夏は熱気を溜め込み、冬は底冷えするなどつらい環境になります。グラウンドシートやダンボールを重ねて敷くなどして断熱対策しましょう。

■ロープの固定に使えるもの

ペグが打ち込めない場所では、土のうやコンクリートブロックを調達したり、車の一部（壊れないところ）、周辺の設置物などにロープをくくりつけて固定します。

適度な運動をしよう

狭い避難ブースに長時間いると、体は疲れ、気持ちもふさいでしまいます。定期的に広いところや外に出て、運動をしましょう。

■ストレッチと屈伸

背伸びなどのストレッチ、屈伸運動などで、全身の血行を改善しましょう。

●周囲に配慮しつつ、十分な距離を保つ。

●ルールの範囲内でプライベートスペースを確保する。

車中泊ができるときは

避難所の中に割当てブースがあったり、テントが設営できるとは限りません。また、悪天候のときなど、避難が短期間ですむ場合は車の中で過ごすほうが快適な場合も少なくありません。

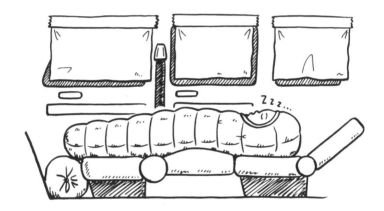

■自家用車で快適に 避難するには

車で避難生活をするときは、いかに体を伸ばして過ごせるかを考えましょう。狭い車内でも工夫次第では快適なリビングとして過ごすことができます。

うまく使えば、
車内はテントより
快適な空間にできる

CAUTION **車中泊は体調のキープと省エネが肝心**

● ずっと同じ姿勢でいないように、適度な運動を

● エンジンの使用は限定的に。ガソリンは節約しよう

駐車場所を確保し、周辺を確認

避難所周辺に駐車できる場合、傾斜地は避けましょう。また、水没の可能性のある低地や、土砂崩れの可能性があるエリアも避け、長時間駐車しても危険のない場所を確保しましょう。

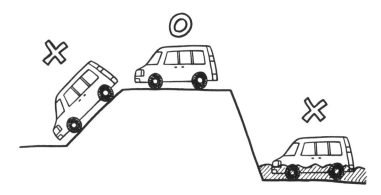

■傾斜地は避ける

坂道はもちろん、路肩や歩道脇など、車自体が傾く場所は避けましょう。駐車時に傾かないように停め方を調節するのもいいでしょう。やむをえず傾斜地に駐車する際は、サイドブレーキだけでなく、必ず車止めをかけましょう。

■水害の可能性を視野に

雨がやんでも、地下水になるなどして後日、大水が流れてくることもあります。川沿いや谷の出口などはなるべく避け、地盤の安定した場所に駐車しましょう。

換気をする

長時間エアコンをかけるときなどはどうしても閉め切りがちなので、定期的に窓を開けて換気する習慣をつけます。忘れて閉め切ったままでは危険です。

■排気ガスは要注意

排気口周辺が雪に埋もれると、車の下に排ガスがたまり、いずれ吸気口から車内に排ガスが入り込み、危険な状態になります。除雪をしても、眠っている間に積雪する可能性もあるので、必ず換気をしましょう。

車内生活を快適にするコツ

車内も平らにする工夫をしましょう。車の中を広く使えると、眠るときに体を伸ばせて、着替えや食事のときもストレスを減らすことができます。何日も待機することもありますから、少しでも快適に暮らせるようにしましょう。

■荷物はフロアに

荷物はシート以外の運転席や助手席の足元、トランク（ラゲッジスペース）などに効率よく収めて、できるだけシート面を広く使えるようにしましょう。

■クッションや座布団で

ミニバンなど最初からシートを真っ平らにできる車ならいいですが、多くの車は「なんとなく平ら」が限度です。クッションや座布団、毛布を多めに積んでおき、隙間や凹みを埋めて極力平らにします。

エコノミークラス症候群対策

■車中でじっとしているのは危険

狭いところで同じ姿勢を取り続けると、エコノミークラス症候群を誘発してしまいます。足を伸ばせるようにして、こまめに外に出て運動するよう心がけましょう。水分補給も予防に大切です。トイレを我慢して水分補給しないと危険です。トイレが確保できていない場合、車の中で下半身に毛布などをかけて目隠しし、広口ボトルを尿瓶がわりにするなどで処置しましょう。

夏の車中泊に便利なアイテム

夏場の車中泊は、暑さとの闘いになります。便利なグッズで工夫して、少しでも快適な生活空間を作りましょう。

■ポータブル電源

電源のためにエンジンをかけ続けるのは、ガソリンを消費するし、周辺の環境維持（排ガス、騒音など）にも避けたいもの。ポータブル電源があれば解決します。

■USBファン

ポータブル電源があるのなら、スマホなどの充電ができますし、USBファン（扇風機）も使えて、ほどよい涼風が実現できます。複数あればさらに快適に。

■LEDランタン

ルームランプを多用していると、いざというときにバッテリーが上がってしまいます。火を使わないLEDのランタンを大小いくつか用意しておきましょう。

■涼感シーツ

就寝時に電力を使わずに、涼しくしてくれるアイテムの代表格。触るだけでひんやりして、汗が引いていきます。シーツやパッドなどをそろえておきましょう。

■クーラーバッグ

電力も保冷剤もないままで飲み物を冷やし続けることはできませんが、遮熱してあるだけでも車内気温以下の温度をキープできます。

■車用アミ戸

かぶせるだけの車用アミ戸なら簡単に取り付けることができ、夜でも虫を防いで窓を開放できます。エアコンに頼らず過ごすには必要になってきます。

●車中泊ができるなら、できるだけ快適な空間をつくろう。
●夏場はエアコンに頼らず、涼しく過ごせる工夫をしよう。

暑いときは熱中症対策

温暖化による気候変動で、夏の40℃を超す猛暑はそれ自体が災害といえます。体調の変化に注意して、優先的に水分とミネラルの補給をおこない、徹底して予防しましょう。

❶自覚症状がないか
・立ちくらみ
・足がつる
・力が入らない

❷こんな人はいないか
・大量発汗
・ぼんやりしている
・歩けない

❸救急車が必要な状態か
・頭痛、吐き気
・触ると熱い
・意識障害

■熱中症対策は万全に

立ちくらみがする、足がつる、などの初期症状を自覚したら日陰で安静にして、水分とミネラルを補給します。周囲にぼんやりした人がいたら、すぐにケアを。触って熱かったら救急車を。

初期症状が出る前に
常に先手を打って
水とミネラルを

CAUTION　くらっときたら熱中症

●自覚症状や周囲の人の症状に注意しておく
●意識障害ならすぐに救急車を呼ぶ必要がある

早めの水分補給を

熱中症は、のどの乾きを感じてからではもう遅いといわれています。1日に8回は定期的にコップ1杯ずつ程度の水分を摂るようにしましょう。運動の前と後、運動中もこまめに休憩して水分を補給します。

■水や飲み物の確保を最優先に

災害時はとくに飲料の確保を優先的に考えて行動します。避難の移動中は必ず水などを持ち歩いて、こまめに水分補給をしましょう。

■ミネラルの補給も忘れずに

汗をかくと失われるミネラル(塩分など)の補給も熱中症対策に必要です。塩タブレットなどで補いましょう。スポーツドリンクも適量であれば優れた飲み物です。

■お茶やコーヒーでも大丈夫

カフェインが入っていると利尿作用があって逆効果という説もありますが、日常的にカフェインを摂取している場合はそれほどでもありません。水分補給としての効果は十分に期待できます。

■アルコールはダメ

アルコールは利尿作用だけでなく、アルコールを分解するときに体内で水を消費してしまうため、まったく水分補給になりません。ビールを飲んでいるから大丈夫、とはならないのです。

テントにこだわらず日陰に避難する

テントやタープで日よけを作っても、建物の陰にはかないません。日中の日差しが強い時間帯は、避難所の中で涼しい場所を見つけましょう。

■風通しのよい日陰を確保

日の当たる場所に長時間いると、想像以上に体力を消耗します。日中は建物の中や日陰の風通しのよい涼しいところに避難して、体力を温存しましょう。

●災害時は徹底して熱中症予防をすることが重要。

●できるだけ暑くない場所で過ごし、水分とミネラルの補給を。

寒さへの対処は

長時間寒風にさらされたり、濡れたままでいるとヒートロスを起こして低体温症になります。低体温症は体の深部温度が数度下がるだけでも命にかかわります。しっかり対策して、安全な避難生活を。

❷進行段階
深部体温 34℃
・歩行しにくい、転びやすい
・うわごとを言う

❶初期段階
深部体温 35℃
・寒気とふるえ
・手足の指の動きが鈍い

❸危険な段階
深部体温 33℃
・歩行できない
・意識障害がある
・ふるえは止まる

■低体温症に注意

寒さで体がふるえるのは、体を動かして発熱させるように体が動くからです。しかし低体温症が進むとふるえは止まり、意識レベルは低下して体が対処できなくなっていきます。

> 歩きづらそうで
> ふるえていたら
> 早く温める

CAUTION **ほんの数℃下がるだけで危険**

! ●ふるえがきたら、動けるうち、考えられるうちに
対策をとらないと、意識がなくなって死に至る

衣類による寒さ対策

インナー、ミッド、アウターの3つのレイヤーで保温するのが基本です。首や手首、下半身の保温も加えて、万全の体勢を整えましょう。インナーレイヤーはウールがベスト。エマージェンシーシートの使用も有効です。

■濡れないように注意

体が濡れるとヒートロスで体温が奪われます。災害時は天候が悪いことも多いので、アウターレイヤーは防水性重視で選びます。濡れたらインナーレイヤーだけでも着替えを確保しましょう。

■首元・手首・下半身をガード

暖気は首元や手首から抜けていくので、マフラーと手袋でガードして体温を逃さないようにしましょう。下半身もロングタイツなどを重ねて、足首は靴下を裾にかぶせておきます。

■体温を逃さない工夫を

ヒートロスを防ぐために、エマージェンシーシートをかぶって熱を逃さないようにしましょう。エマージェンシーシートはアウターレイヤーや寝袋の中に巻くとより効果的です。

衣類以外にもできる防寒対策

暖房や携帯カイロ、湯たんぽなどを利用して暖をとるのは基本ですが、細かい工夫で体温を維持しながら防寒をしましょう。

■水に塩を入れて凍結防止

飲料水には塩を少し入れておくと、融点が0℃よりも下がるので、氷点下でも凍りません。

■ビニール系素材は結露に注意

新聞紙を巻いた上からポリ袋やビニールシートなどで体を包んで防寒をすることもできます。ただし、通気性が悪いため内側が結露して濡れやすくなります。定期的に開いて湿度を管理しましょう。

●低体温症は、ふるえていたらすぐに温めて対策をする。

●防寒の基本は保温と、濡れないこと。バランス良く管理を。

避難時ほどお湯が大事

災害時は停電やガスの供給停止などで、お湯の確保が難しいことも
あり、焚き火でしかお湯が沸かせない状況もありえます。限られた
条件でも必要なお湯が確保できるよう工夫しましょう。

■避難時のお湯はとても貴重

キッチンは使えない、お風呂も入れない
という状況で、お湯の存在はとても重要
です。温かい食事や粉ミルクなどにはお
湯が必要になります。体温調節がしにく
い高齢者のための湯たんぽにも、体を拭
くのにもお湯が要ります。

> 粉ミルクのお湯は
> 優先して回して
> あげよう

CAUTION   **お湯の確保は避難時の優先事項**

● コップ1杯のお湯がいつでも作れる環境を整える
● 焚き火で沸かしたお湯をキープする工夫をする

ガスも電気も使えないときは焚き火で

災害の状況次第では、焚き火などの方法でしかお湯が沸かせないことも
あります。もしものときを想定して、どんなときでも必要最低限のお湯
は確保できるように備えておきましょう。

■焚き火にはケトル 背が高ければベター

焚き火でもお湯を沸かすときは、熱効率
のいいケトルで沸かすのがいいでしょ
う。できれば背の高いタイプのケトルが
おすすめ。少し重いですがハンドルが熱
くなりにくくなっています。

■少ない燃料で沸く ケリーケトル

ケリーケトルは、ケトル自体がネイ
チャーストーブの機能を持ち、小枝など
の木片や、牛乳パックの紙などでもお湯
が沸かせます。真ん中が煙突状で、効率
よく熱を伝えることができます。

お湯をキープする

沸かしたお湯はできるだけ長く保温し、いつでも使えるようにしておき
ましょう。

■基本は保温性の高い魔法瓶

焚き火は一度消してしまうと再点火に時間が
かかりますし、誰もいないところで焚き続け
るのは危険です。沸かしたお湯は魔法瓶など
の保温ボトルに入れてとっておきましょう。

■ウォータージャグも保温可能

水をストックして活躍するウォータージャグ
も、85℃ぐらいなら6時間ほど保温しておく
ことができるモデルもあります。耐熱温度を
確認して使いましょう。

● どんな状況の災害でもお湯を作れる装備を準備しておこう。

● お湯の温度をできるだけキープして、燃料を節約する。

トイレを 快適にするには

断水さえしていなければ、避難所のトイレは問題なく使用できるでしょう。しかし災害時は何が起こるかわかりませんし、必要なときは時間がありません。あらかじめ対策をしておきましょう。

■トイレが機能しないときは

断水してもバケツ一杯の溜め水があれば、便器の中に入れて流すことができます。このとき、トイレットペーパーまで流すと排水の負荷が大きいので、別途ゴミとして捨てたほうが無難。猫砂などをかぶせておくのも匂いの抑制に効果があります。

> トイレ用のテントは
> 目隠しになるので
> 携帯トイレと併用する

CAUTION 衛生と匂いの対策が重要

● できるだけ早い段階で代用トイレを確保しておく
● 匂い対策がポイント。埋めるかフタをするかなど工夫を

穴を掘る

避難所のトイレが使用できず、やむを得ずイレギュラーな場所で用を足さなければいけないケースもあります。携帯トイレがなければ場所を決めて穴を掘るか、バケツなどを埋めておくか、早い段階でトイレを確保しておきましょう。被災から数日間はこのような手段に頼ることも視野に入れておきます（ただし、必ず避難所のルールに従いましょう）。

■急ぐときは岩でも

アウトドアライフでは、半分埋まっている岩をひっくり返して、用がすんだら元に戻すというテクニックがあります。避難場所によっては可能でしょう。

■トイレは早めに設営する

少し深い穴を掘り、足板を渡して常設トイレにする方法や、ポリバケツなどを半分埋め、定期的に始末する方法もあります。避難所に着いて、トイレが使用できないことがわかったら早く準備しておくといいでしょう。小と大で分けると匂いが軽減されます。

紙は燃やすと分解が早い

屋外をトイレにする場合にネックになるのは、紙の存在です。長い目で見ればいずれ分解されるものではありますが、時間がかかりすぎます。

■マッチ一本でキレイに処理

用が済んだらマッチ一本。紙を燃やして灰にすれば、紙のままよりずっと早く自然に吸収されていきます。スコップも持っておき、埋めてしまえばさらに◯。

●トイレ対策は優先的に考えよう。周囲の人との連携も重要。

お風呂に
入れないときは

避難所生活を経験した人から、お風呂に入れなくて難儀したという声はよく聞かれます。インフラが機能を失う中では、しばらく入浴できなければ、ウェットシートで体を拭くなどの方法ですませます。

■入浴支援を利用するには

自治体から災害派遣の要請があると自衛隊が出動しますが、その救援活動の中には入浴支援もあり、1日1200人の入浴ができる「野外入浴セット」を設営してくれます。基本的に石鹸やシャンプー、タオルの支給はないので、持参しましょう。

一度に30人は
入れる自衛隊の
大浴場

CAUTION 入浴ができないときは拭く

● お風呂の使用ができないときは体を拭いて済ませる
● お湯の調達も難しいときは、ウェットシートで拭く

節水全身クリーンアップ術

避難所生活では、節水が重要。なるべく水を使わないですむように、体の汚れやすいポイントに的をしぼって拭き、効率よく清潔な状態を保ちましょう。日中の暖かい時間帯に、体を順に部分的に出して拭いていきます。

汚れやすいポイント（匂いもしやすい）	耳のうら わきの下 足の指の間など
匂いがしやすいポイント	首まわり 胸 背中 頭皮 顔のTゾーン 局所

■拭いておきたいポイント

耳のうら、わきの下、足の指は、汚れがたまりやすく匂いも強いので重点的に拭きます。顔のTゾーンと、胸、背中、局所は汗もかきやすいので重点ケアを。中心から外側に向けて拭きます。

■髪は汚れにくい工夫を

髪をまとめて帽子をかぶるだけでも外からの汚れを減らせます。水を使わないドライシャンプーでも節水できます。

スプレーや体拭きシートを活用

入浴ができないのは災害のときばかりではありません。介護のシーンでも寝たきりの要介護者向けに、入浴しなくても体を清潔にするグッズが多く作られています。これを活用すれば避難所でも体を清潔に保てます。

■少ない水でも拭ける清拭剤（せいしきざい）

介護用の清拭剤をタオルに含ませて使うと、水をあまり使わずとも体をすっきりとさせることができます。アルコール入りなどもあるので、自分の体質に合ったタイプを用意しておきましょう。

■全身用ウェットティッシュも

巨大な厚手の全身用ウェットティッシュもあります。温めて使えるタイプもあり、軽く湯せんすれば、寒い時期でも快適に使うことができます。

●バケツなどにお湯をためて、足湯にするのも有効。

●介護用品によいアイテムが多い。チェックして購入しよう。

汚物・ゴミの処理

被災後はインフラが麻痺してゴミの収集が行われない可能性があります。その間、避難所のゴミは分別ルールを確認して対応しましょう。

処理の優先度の高いゴミ	生ゴミ おむつ、マスク 汚物 汚れた容器などの可燃ゴミ 痰や鼻水などを拭いた不衛生な可燃ゴミ
分別して保管するゴミ	資源ごみ ペットボトル アルミ缶、スチール缶 びん 段ボール 新聞紙 専門的な管理が必要なゴミ（医療ゴミなど） 危険物（ガス缶、スプレー缶など）

■ゴミは種類ごとにまとめて

ゴミを出すときは、散乱しにくいようにできるだけ世帯ごとに小さい袋にまとめて出しましょう。収集がすぐに来るわけではないので、空気をできるだけ抜いて集積所があふれないようにします。

> 匂いがしやすいゴミは
> 優先的に
> 処分していくこと

CAUTION **避難期間によってゴミ処理は変わる**

● 短期間であればゴミを持ち帰る場合もある

● 長期間であればルールに従って分別をする

ゴミを燃やしてもいい場合

基本的に、一般人が勝手に大量のゴミを燃やすことは法律や条例で禁止されています。しかし、災害時は緊急的に許可される場合もあります。また、「焚き火その他日常生活を営むうえで通常行われる廃棄物の焼却であって軽微なもの」はOKという法律もあります。まず避難所のルールを確認し相談してみましょう。焚き火で燃やす場合はゴミ用と調理用は分けましょう。

■紙を燃やす

風の強い日にたくさんの紙を焼くと、燃えカスが飛散するので要注意です。ビリビリに破いたり、くしゃくしゃにして空気を包むように丸めたりすると、焚きつけにも使えます。

■木片、木材は薪に利用

うまく木材や板切れなどが見つかれば、薪としてちょうどいいでしょう。ただし、塗装してあったり、合成樹脂で固めてあるものは有害なガスが生じることもあるので、臭かったらすぐに中止しましょう。

■生ゴミは衛生面を考えると焼却がベター

生ゴミなどは水分を飛ばして、最後まで焼いてしまえば腐りません。夏場などは虫がたかりやすいので、早めに処理してしまうのがいいでしょう。

■自治体の分別とは違う

有毒ガスの問題など、焚き火では燃やしきれないものもあります。ビニール類などの不燃ゴミは燃やしてはいけません。

ゴミを持ち帰る場合もある

短期間の一時避難では、避難所ではゴミの収集は行わず、解散時に各家庭に持ち帰る前提の場合もあります。ゴミ袋用のビニール袋などを一次持ち出し品に含めておくといいでしょう。

■汁気のあるゴミの処理

食べるときに極力汁気を残さないというのがおもな対策ですが、食材の残りから水が出てしまうこともあります。ちぎった新聞紙に吸わせる、使い古しのジップロックを使うなどの方法があります。

■匂いの強いゴミの処理

匂いに関しては、袋を二重にするなどの方法が主になります。匂いを通しにくいタイプのビニール袋もあるので、分別しましょう。

●燃やしていい物とダメな物を見極める。
●持ち帰りが原則の避難所もある。持ち帰り用のゴミ袋も忘れずに。

小さい子どもがいる場合

災害時は、普段と違って気持ちに余裕がなく、子どもから目を離してしまいがちですが、子どもはもっと不安で我慢しています。非常時こそ子どもを守ることを中心に据えて、避難を乗り切りましょう。

■手を離さない、目を離さない

子どもたちだけで目の届かないところに行かせないように細心の注意が必要です。とくに3歳前後の子どもを連れているときは手を離さないで。

> 子どもから
> 目も手も離さない
> ようにしよう

CAUTION 子どもを中心にケアを

● 話しかけて安心感を与える。子どもの話をよく聞く
● 「遊び」は子どもが日常を取り戻す重要な要素

子どもと避難するときの注意ポイント

避難所生活は大人でも不安を感じるのですから、子どもにはさらに大きなストレスになっています。いつも以上に寄り添いましょう。子どもが不安定だと大人のストレスはさらに高まってしまいます。

■寄り添ってスキンシップを

触れ合うこと自体が大きな安心感につながります。手をつなぐ、寄りかからせる、抱きしめるなどのスキンシップを意識的に多くします。

■話を聞く

一見とりとめのない話に重要な訴えが隠れていることがあります。まずは聞きましょう。

■落ち着いて穏やかに話す

ゆっくり落ち着いて話しかけることを意識しましょう。子どもも一緒に落ち着いてきます。

■体調管理にはとくに注意を

慣れない避難所の生活では、子どもの体調は崩れやすくなります。定期的に熱を測るなど、体調の管理に気をつけましょう。

子どもには遊びが必要

多くの子どもは避難所でじっとしていられないものです。また、子どもにとって遊びは日常を取り戻す有効な手段です。遊びに興じることで、不安や心配から離れて、普段どおりの気持ちを取り戻すことができるのです。

■くるりんぱ

向かい合って手を取り合い、子どもが大人の足から登っていき、お腹のあたりまできたところで向こう側にくるんと回って下りる遊びです。適度な運動にもなるので、楽しく遊べます。

■お気に入りの玩具を持参

気に入っている玩具と「一緒に避難」することは安心感につながります。子ども用の一次持ち出し品パックを作っておいてもいいでしょう。

■飽きない遊びを準備しておく

一次持ち出し品にトランプなど遊びの幅の大きいものを入れておくと、いざというときには頼りになります。ババ抜きなら小さなお子さんでも遊びながら覚えることができます。

■スマホや電子ゲームもあり

日が暮れてくると避難所でおとなしくしていられる遊びが必要です。ゲーム機やスマホのゲームなどでもひとりで静かに遊べるものがあれば、選択肢に入れておきましょう。

●子どもに寄り添い、目を離さない。移動するときは手を離さない。
●避難時に子どもに遊びを提供するのは大人の役割と考える。

土のうの作り方と使い方

住宅などへの浸水のおそれがあるとき、土のうを作って積むことができれば、被害を抑えることができる場合があります。土のうの簡単な作り方を知って、急場に対応できるようにしておきましょう。

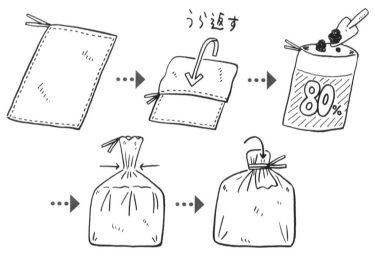

うら返す

80%

■土のうの作り方を知ろう

はじめに土のう袋を裏返し、土を袋の80%ほどまで詰めます。口をしぼり、頭を巻き込んで、まとめてぐるぐると縛れば完成です。

> 中に土を
> 詰め込みすぎない
> のがコツ

CAUTION 土のう袋はまず裏返す

● 土のうは縫い目からほつれて劣化していくので、裏返して使う。これにより中の土が縫い目から出にくくなる

土のうの積み方

土のうを効率よく並べ、水や土砂を防ぎます。積み方のコツを覚えて、スムーズに備えられるようにしましょう。

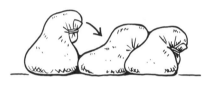 

■重ねるように並べる

頭（袋の結び目）を内側に丸め込むように寄りかからせて並べていきます。なるべく地面との間に隙間がないように形を整えながら、順に置いていきます。

■半分ずつずらして並べる

2段目や、2列目は、最初の段・列から半分ずつずらして並べていきます。隙間が少なくなるように、形を整えながら並べていきます。中の土を少なめにするのは形を整えやすくするためです。

土のうの代わりになるもの

土のう袋が足りないときや、土がないときなどは、土のうの代わりになるもので急場をしのぐことができます。

■ゴミ袋に水を入れ、段ボールに

45L程度の家庭用ゴミ袋を2重にして、中に半分ほど水を入れます。口を縛って、それを段ボール箱に詰め込めば、土のうの代わりに使えます。段ボール同士をガムテープなどでつなげば強くなります。

■ブルーシートを防水板に

中身の入ったプランターやポリタンクなどを並べて、それらをブルーシートなどで巻いてやると強度の高い防水板になります。

●土のうの作り方、積み方を知っておこう。
●土のうがないときは、ゴミ袋などのある物で代用しよう。

ファーストエイド キット構築

災害で地域全体が混乱しているときは、ケガや体調不良には自分で対応しなければなりません。ファーストエイドキット（FAK）が役立つように、点検・補充をして準備しておきましょう。

■外用薬	□消毒液
	□虫刺され薬
	□目薬
	□かゆみ止め
■内服薬	□かぜ薬
	□頭痛薬
	□解熱鎮痛剤
	□下痢止め薬
	□胃腸薬
	□その他常備薬

■医療用品	□包帯
	□絆創膏各種
	□外傷用防水フィルム
	□医療ガーゼ
	□メンディングテープ
	□テーピングテープ
	□綿棒
	□三角巾
	□ワセリン
■その他	□体温計
	□ハサミ・爪切り
	□ピンセット
	□毛抜き
	□ポイズンリムーバー
	□冷却シート
	□エマージェンシーシート
	□医療用手袋・マスク

■応急処置はFAKから

多くの軽いケガや体調不良は、応急処置から始まります。ファーストエイドキットを使って手当をし、状況や経過を見ながら、出血が止まらないときは救護所に連れて行くか、救急車を呼びます。

> 何が入っているか
> 点検し、足りないもの
> を補充しておく

CAUTION **キット内容の点検の際は使用期限のチェックも**

● 定期的に内容が揃っているか確認しておく
● 使用期限も確認・補充しておく

ファーストエイドキットに必要なアイテム

ファーストエイドキットに何を入れておくかは自分の家族構成に合わせてカスタマイズしていきますが、誰にとっても必須とも言えるアイテムがあります。以下の物を揃えていきましょう。

■消毒液

切り傷、刺し傷などの外傷は消毒液を直接かけるか、ガーゼなどに染み込ませて塗布します。開封後は1年ほどで交換します。

■体温計

感染症対策も考えて、家族1人に1本ずつ用意するのが理想的です。予備の電池も用意しましょう。

■医療用手袋

ケガの手当には、衛生面からも感染症予防の観点からも医療用手袋をするのが望ましいです。ゴムアレルギーの場合もあるのでゴム製と、ポリエチレン製の簡易的なものの両方を用意しておきましょう。

■医療ガーゼ

開封してから数日間は使用できます。劣化の可能性もあるので、開封したまま長期間ファーストエイドキットに入れておくのはやめましょう。再利用はできません。

■毛抜き・ハサミ・爪切り

災害時は木材などの処理でトゲが刺さることも多く、毛抜きは必須です。ハサミや爪切りも、代わりになるものがないので、用意しておきましょう。マルチツールでもOK。

■内服薬

避難所生活は環境の変化から体調をくずしやすいもの。頭痛や腹痛などの内服薬はある程度そろえておきましょう。使用期限を定期的に確認しましょう。

■ワセリン

切り傷などの出血を早くおさえるにはワセリンを塗るのが有効です。保湿剤なので、唇や手指、かかとなどのスキンケアや日焼けの手当てにも。

■絆創膏

複数のサイズに防水タイプも含めて用意しておきます。

■包帯・メンディングテープ

通常の包帯の他に粘着テープタイプも用意します。メンディングテープは巻いた包帯の固定やガーゼの固定に使いますが、その他いろいろなものを貼るのにも使うので2本ほど入れておきます。

■テーピングテープ

ねんざや打ち身などのとき、それ以上痛まないように関節を固定したり、患部を保護したりできるので、1本は入れておきましょう。

●市販キットそのままではなく、自分に合わせてカスタマイズを。

●感染症予防にも十分考慮してファーストエイドキットを作ろう。

救急救命の基礎知識

人が倒れていたら、できるだけ早く状況を把握し、周囲に助けを呼びましょう。自分も含めた安全を確保して、要救助者の手当をしていきます。ここでは一次救命の手順を説明していきます。

倒れている人がいたら

■安全を確保する

まず自分も含めて安全を確保します。その場にいるのが危険なときは協力して移動します。交通のある路上であれば、交通整理を頼みます。

■意識はあるか

意識がある場合は介添えしながら、安全な場所に移動して、様子を見ます。外傷はないか、頭を打っていないかなど確認しておきましょう。反応が曖昧な場合は救急車を呼びます。

■ガス漏れがないか確認

倒れている原因がわからない場合、ガス漏れなどの可能性がないか確かめます。異変を感じたら、できるだけ早く要救助者とともにその場を離れます。

■助けを呼ぶ

ホイッスルがあれば吹きます。周囲に誰かいれば、その人を指して、「そこの青いシャツの人」などと具体的に指名して呼びます。そのほうが、呼ばれた人も助けに入りやすいものです。

■できるだけ動かさない

とくに頭部に衝撃を受けていると思われる場合は、できるだけ動かさないで、周囲に協力を求めて安全地帯を作ります。内臓を損傷している場合もありえるので、全身を強打していると思われる場合は動かさないようにします。

> **ひとりでやろうとせず
> 助けを呼ぶ**

 CAUTION　救急救命はすぐおこなう

●傷病者の発生に居合わせたら必ずおこなう
●二次被害の防止のために安全確認を確実におこなう

意識がないときは

最初に意識の有無、次に呼吸の有無を確認し、要救助者の状況を確かめていきましょう。呼びかけても返事や反応がないとき、救急救命を行う必要があります。

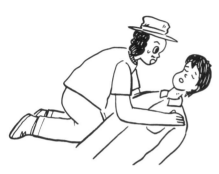

■意識の有無を確認する

肩を叩きながら、声をかけ、反応を見ます。まったく返事がない場合は意識が無いと判断し、次は呼吸の有無を確かめます。呼吸は要救助者の腹部を見て、動いているかどうかで判断します。

■周囲に助けを呼ぶ

意識も呼吸もなく、応急処置を行うとなったら、すぐに周囲に助けを求めます。「誰か」ではなく具体的に呼びかけて「救急車を呼ぶ」「交通整理をする」「AEDを探してくる」などの指示をしましょう。

■応急処置のできる場所を確保

要救助者の周辺に安全なエリアを確保します。頭部を打っているなど、動かせない状態で、車の通る路上であれば、交通整理などを周囲に依頼します。

■救急車を呼ぶ

呼ぶときは、以下の内容を明確に伝えます。
・救急です
・現在地
・要救護者の状態

AEDを調達する

救急車を呼ぶときにAEDの使用を指示されたら、周囲を見てAEDを調達します。AEDの使い方は講習会や動画などで知っておくといいでしょう。

■AEDのある場所は

駅や空港など交通系の施設、学校や役所などの公共の施設、大型の商業施設などにあります。大きなマンションのエントランスに設置されていることもあります。

胸骨圧迫とAEDの基本

胸骨圧迫は心臓をマッサージして鼓動を復活させるためのものではなく、胸を押して心臓を圧迫することで血液を送り出し、脳や全身に血をめぐらせることが目的です。自発呼吸が再開するか、救急車が到着するまで続けます。

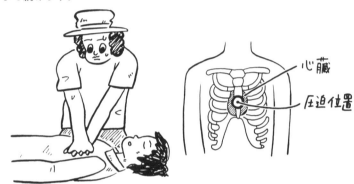

心臓

圧迫位置

■呼吸を確認する

胸骨圧迫の前に、胸と腹部の動きを見て、呼吸をしているか確認します。10秒観察して、呼吸がなければただちに胸骨圧迫を開始します。呼吸があれば安静にできる姿勢にして様子を見ます。

■繰り返す

胸骨圧迫は、自発呼吸が再開するか、救急車が到着するまで休まず続けます。救護者が複数いれば、1〜2分ごとに交代して続けます。

■必要に応じて人工呼吸を

人工呼吸をともなう心肺蘇生を行う場合は、30回の胸骨圧迫と2回の人工呼吸を繰り返します。感染防護具がない場合、自信がない場合、口を合わせるのに躊躇する場合は省略しましょう。

■胸骨を圧迫する

片方の手にもう片方の手を重ねて握りこむ。真上からまっすぐに胸骨の真ん中を手の付け根で胸骨が5cmほど沈むぐらいの力で押します。（成人の場合）1分間に100〜120回を目安に、絶え間なく同じリズムで続けます。

■AEDを使う

AEDが到着したら一旦胸骨圧迫をやめ、電源を入れます。音声ガイダンスがあればそれに従い、要救護者の胸を出してパッドを装着します。AEDの指示に従ってショックと胸骨圧迫を繰り返します。

■救急隊員に引き継ぐ

救急隊員が横に来て引き継ぐまでは胸骨圧迫を継続します。その後、救急隊員に質問されたら、要救護者の様態や倒れたとき、事故当時の様子など伝えます。

止血の基本

状態をよく観察して出血の種類を見極めることが重要です。動脈性出血の際は出血性ショックにおちいる危険があるので、急いで直接圧迫止血を行います。

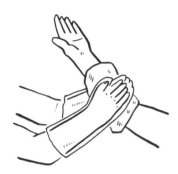

■出血の種類を確認

出血しているときは
●どのような血液が
●どのように出ているか
を見極めましょう。
明るい色の血液が脈打つように出ている場合は動脈性出血です。とにかく急いで止血します。
暗い色の血液がダラダラと流れるように出ている場合は静脈性の出血です。これがどんどん湧いてくるようなら大量出血の危険があるので止血を急ぎます。

■直接圧迫法による止血

傷口にガーゼなどの清潔な布を当て、その上から強く押さえます。布は傷口全体をおおえるサイズのものを使用します。感染予防のために必ずゴム手袋やビニール手袋を着用します。片手で止まらない場合は、両手で圧迫したり、体重をかけて止血をします。

■間接圧迫法による止血

直接圧迫法が使えない部位は、出血位置より心臓に近い止血点を指で押さえて止血します。ひじから先であれば上腕の内側中央、脚であれば大腿骨の内側をてのひらなどで押します。

骨折や捻挫の応急手当

骨折や捻挫をしている場合は、添え木やテーピングテープで固めて、神経や腱をいためないように関節を固定します。

■添え木で固定するコツ

添え木は、患部のある関節と関節の長さより長いもの（すねなら、ひざと足首より長いもの）を用意して固定します。折り重ねた段ボールや、固く丸めた新聞紙でもそえ木にできます。ビニール袋を三角巾代わりにもできます。

やけどの応急手当

軽いやけどであれば、すぐに水道からの流水で15分以上冷やします。着衣の場合は、脱がさずに服の上から水をかけます。広範囲のやけどを負った場合は、水のかけすぎで体が冷えすぎないように注意します。

表皮熱傷	深さⅠ度 沸騰していないお湯に触れた	赤くなる ひりひりする
真皮熱傷	深さⅡ度 沸騰した熱湯を浴びた	水ぶくれになる 激しい痛み 皮膚が崩れる など
全層熱傷	深さⅢ度 熱い油、火炎、爆風を浴びた	皮膚が白くなる 痛みを感じない

■早く水で冷やす

体の表面積の10%未満の軽度なやけどなら、急いで冷やすことが重要です。着衣の場合は、脱がさずに服の上から水をかけます。水で3分冷やして1分休むを繰り返し、痛みがとれるまで合計15分は冷やし続けます。

■水が少ないときは

災害時で断水しているときなど、水道が使えないときは、ペットボトルの水で冷やします。氷や冷却シートなどを直接あてるのは患部をいためるのでやめましょう。

包帯の代用

包帯が手元にない、使い切ってしまったというときは、他の物で代用します。とくにストッキングは伸縮性があって股の部分をかぶせてから、脚の部分を巻きつけるなどの使い方ができます。

■包帯の代わりになる物

タオル	テーブルクロス
ハンカチ	ラップ
ネクタイ	紙おむつ
バンダナ	シーツ
スカーフ	風呂敷
カーテン	手ぬぐい

さまざまな物が包帯代わりになりますが、清潔であることが条件です。大きすぎる場合は細く切ったり、穴を開けて通したりします。

切り傷の応急手当

傷口を洗います。土砂や鉄さびなどで患部が汚れている場合は、流水で
きれいに洗い流して、雑菌を減らします。その上に医療ガーゼなどを当
て、包帯で巻いて保護します。

■水で洗い保護する

切り傷は流水で洗い流します。断水など
で水が出ない場合や、水場がない場合は、
ペットボトルの水などで洗い流します。
出血が止まっていなくても、そのまま洗
い流します。ガーゼと包帯で保護します。

■切断した場合は

指などを切断してしまった場合は、直接
圧迫で止血をします。切断されたほうは、
水で洗ってビニール袋に入れて封をし、
その袋ごと氷の入ったビニール袋に入れ
て冷やし、病院に搬送します。

気分が優れない場合

めまいや吐き気を訴えて、ぐったりしている場合、横に寝かせて安静に
して様子を見ます。頭を打った後、意識がはっきりせず、そのうち吐く
ような場合は救急車を呼びます。

■意識レベルを確認

ときおり話しかけて、反応ができるか確
認します。返事がなくなった場合は、呼
吸の様子を観察して、眠っているのかど
うか確認します。

傷病者の状態を管理する

不調を訴えたり、意識がはっきりしない場合は衣服をゆるめて、保温しながら（熱中症以外）、しばらく安静にして様子をみます。基本は仰向けですが嘔吐の危険がありそうなときは顔を横向きにして寝かせます。

■仰向けに寝かせる

平らなところにまっすぐ、仰向けに寝かせてリラックスさせるのが、基本の回復姿勢です。

■衣服をゆるめる

声をかけて体調を聞きながら、どうしたいか確かめて、ゆっくりと衣服のボタンやベルトをゆるめてリラックスできるようにしていきます。辛さを訴えるなら膝や背中にクッションなどを置き、少し起こしてやるとラクになります。

■嘔吐がある場合は横に

意識がはっきりしないのに吐きそうなときは、体を横に向け、上側の脚を曲げて、上側の腕を顔の下にはさむなどの回復姿勢をとります。嘔吐しても気管をふさがずにすみます。意識があればどの姿勢でもかまいません。

■体温をキープする

体温が低下していたり、顔が青白く、暑くないのに汗をかいている場合は、上着や毛布、エマージェンシーシートなどで包んで保温します。

傷病者の搬送には

意識のうすい傷病者を運ぶには、人数を集めるのが一番です。2、3人ずつ両側に立って、水平に持ち上げて運びます。人数が少ない場合は、担架をつくったり、重心を工夫してひとりで搬送するなどします。

■身近なもので担架をつくる

ものほし竿などの棒2本に、衣類を通して即席の担架をつくることができます。衣類は最低でも5着以上、伸縮性のあまりない、できるだけ厚手のものを使います。ナイロン製のハンモックも担架代わりに使えます。

■ひとりでおぶって運ぶ

意識がないか、朦朧（もうろう）としている傷病者をひとりで運ぶのは難しいものですが、前側で腕をクロスさせておぶえば、重心が前に寄って、少ない力で運べます。

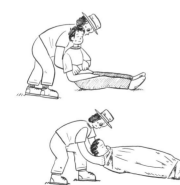

■ひとりで引きずって運ぶ

体格差があっておぶって運ぶのが難しい場合は、後ろから抱えるようにし、交差させた腕をつかんで後方に引きずっていくことで、傷病者を移動することができます。毛布やタープなどに包んで引きずることもできます。

1日の流れを意識する

避難所で不安を抱えながら過ごすのはつらい時間ですが、沈んだ気持ちのまま過ごすのは精神的にも肉体的にもよくありません。日常以上に時間の流れを意識して過ごすことでメリハリが生まれます。

■時間を意識して 行動すること

避難中に無理をせずゆっくり体力を温存して過ごすのはよいことですが、メリハリは大事です。朝は早めに行動を開始し、夜は節電を心がけて早めに就寝して、ペースをつかみましょう。

とくに夏場なら
朝の涼しい時間に
活動できる

 CAUTION スケジュールを作って気分を整える

●無為な時間はじわじわとメンタルを痛めつけてくるので、日課を作って、日々の生活にメリハリをつけていこう

スケジュールを決めて避難活動を

仕事にも学校にも行けない期間は、帰宅できるまで避難所で過ごすことになりますが、意識して時間を決めて行動することで、効率よくバランスのいい生活を送ることができます。

避難所での生活例

夜明け 起床
　　　　周囲の散歩
　　　　体操
　　　　リラックスタイム
　　　　寝具の片付け
　　　　身支度など
8:00 朝食
　　　　片付けや掃除
　　　　復旧作業など
　　　　状況の確認
　　　　ボランティア参加
　　　　休憩
　　　　続きの復旧作業
12:00 昼食
　　　　休憩
　　　　復旧作業終わり
15:00 休憩
　　　　手続きなどあれば済ます
　　　　片付けや掃除
17:00 夕食
　　　　片付け
夕暮れ 軽く散歩
　　　　入浴など
　　　　リラックスタイム
20:00 就寝

■朝日とともに早めに活動開始

夏場はとくに、エアコンがない中では朝方の涼しい時間を無駄にはできません。起床時間などの制約がなければ、日の出とともに起き出して、周辺の様子を見たり、体操などでからだをほぐしましょう。

■リラックスタイムをつくる

たくさんのことを考え、復旧作業や手続き避難所のボランティア作業などに追われていると疲労が貯まります。朝の時間や就寝前には何も考えずに息を抜く時間を意識的につくるといいでしょう。

■暖かく涼しい時間帯に活動

朝食の前に寝具の片付けや身支度はすませて、食事したらすぐに活動できるようにしましょう。夏は涼しいうちに作業ができ、冬は日没までに十分な時間がとれます。

■日没前に夜の準備をすます

災害によっては、数日間電源が復旧しないこともあります。必要な行動は日中を中心に終わらせて、日没後は避難所で休息を取るのがいいでしょう。

■夜はじっと体を休める

日が暮れたらあとはただゆっくり休んで、体調を整えます。精神的にも肉体的にも疲労が蓄積しやすいので、意識して長めに睡眠を取るようにしましょう。

●夏場は、朝の涼しいうちに雑務をすませてしまおう。

●長い夜はゆっくりリラックスして、睡眠を多めにとろう。

正しい情報と十分な準備で
ボランティアに参加する

装備品は自ら揃える必要がある

　災害時に自分や家族の無事が確保できたら、ボランティアに参加することも考えましょう。特に災害直後は混乱を避けるために、周辺住民だけで避難所の運営や支援活動を行うことになるので、現地の人手は重要です。参加する際の基本的な装備品は自分で揃えておく必要があります。また、他地域からの支援を受け付けるのは、災害ボランティアセンターが開設されて、受け入れ体勢が整ってからになります。他地域へ支援に行く場合、装備品のほかに食料や宿泊手段を確保して現地に赴くのが大原則です。

ボランティアの装備一例
- ☐ 帽子（撥水のものがよい）・ヘルメット
- ☐ ゴーグル
- ☐ 防塵マスク
- ☐ 手ぬぐい・タオル（首に巻く）
- ☐ 長袖（シャツ・作業服）
- ☐ 長ズボン（横にポケットのあるもの）
- ☐ 革手袋・ビニール手袋
- ☐ 運動靴（＋踏み抜き防止中敷き）・
　　長靴（鉄板入り）
- ☐ ヘッドライト
- ☐ メモ帳とボールペン・油性マジック
- ☐ うがい薬
- ☐ 財布（保険証コピーを入れておく）
- ☐ ファーストエイドキット
- ☐ 飲料水・食料
- ☐ ウェットティッシュ
- ☐ 名刺型名札
- ☐ 雨具（上下別）

現地の状況や何が必要かなどは、災害ボランティアセンターの公式サイトで正しい情報を得ましょう。被災地に着いたら災害ボランティアセンターで登録をしてから活動を開始します。単独行動はせず、センターの指示に従いましょう。

4章
CHAPTER.4

食事のアイデア

生きるうえで必要な食事。配給品に頼りきらない独自の備蓄が重要です。また、水や燃料消費をおさえたり、ゴミを少なくしたり、限りある備蓄品を上手に活用する知恵もまた大切。それと同時に、避難生活では食事を楽しむ工夫ができるようにしましょう。

温かいものを食べる

冷えたものや常温のものばかり食べていると、次第に気力が失われ、体力も落ちていきます。温かいものを温かいうちに食べることができれば、体は温まり、気力も回復するでしょう。

■温かい食べ物が心と体を保つ

避難生活では配給の弁当やおむすびをそのまま食べ、冷えたお茶で流し込むなど、食事をおざなりにしがちです。しかし長引く避難生活で健康を維持するには、きちんと計画して温かい食事をつくって食べるようにするほうがいいでしょう。

工夫して
温かい食事を
つくろう

 CAUTION　お湯で温めるだけでも効果あり

●常温や冷めた食事ばかりでは心身ともに弱る
●複雑な調理でなく、単にお湯で熱するだけでもよい

温かい食べ物をとろう

自宅のキッチンでしか調理経験がなければ難しいことですが、キャンプの経験を活かせば、焚き火台やバーナー、クッカーで温かい食事をつくるのは難しくありません。

■お湯で温めるだけでも

凝った料理ならいいというわけではなく、たとえお湯で温めただけのメニューでも、温かく食べられるならかなり違います。ちょっとひと手間お湯を沸かして、おにぎりをお茶漬けにして食べるだけでも温まります。

■焚き火で焼く、クッカーで煮る

配給のパンも焚き火で軽くトーストするとさらにおいしく食べられます。クッカーでの煮込み料理などは、焚き火にかけておくだけで手軽に食べることができます。焚き火は多目的に活用しましょう。

■お湯を無駄にしない

レトルトパックを湯せんしたお湯は、熱いうちにスープにしたりカップ麺に注いだりして無駄のないようにしましょう。ポリ袋に入れて湯せんすればお湯を汚さずに調理ができます。

温かい飲み物を飲もう

お茶でもスープでも、お湯を沸かして温かくして飲みます。温かい飲み物をとると、胃が温まり消化・吸収がよくなるという研究結果もあります。気分が落ち着くだけでなく、体調も整える効果が期待できます。

■お茶でもスープでも

水分補給だけなら冷えた水やペットボトルのお茶でも十分ですが、温かいお茶や白湯、スープなら体の芯から温まることができます。

●焚き火をするときはお湯を沸かすなど多目的に活用する。
●お湯が沸いたらポットに移して保温しておく。

Knowledge 常備食

常備しておきたい 非常食

災害の規模によってはインフラや物流の復旧に時間がかかることもあり、家族分で7日間分の食料を確保しておくのが、非常食の基本となります（P16）。十分な量の食料をストックしておきましょう。

■常備食をそろえておこう

避難の長期化が見えてきたところで自宅から持ち出す常備食は、しっかりした食事ができるようなメニューを選びます。コンテナなどに保管しておけば、すばやく持ち出せます。

非常時でも
食事のレベルは
なるべく高めたい

CAUTION **賞味期限に注意して入れ替える**

●期日を決めて毎年常備食の賞味期限をチェックする
●賞味期限が近いものは備蓄ケースから出して消費する

おいしいオススメ常備食

同じ食品でも、短期の避難のために持ち出す一次持ち出し品の食料と違って、常備食は調理に少々手間がかかるものが含まれていても構いません。好みのものを食べることで心身の健康が保てます。

■パックごはんがエース

包装米飯(パックごはん)は、温めるだけで誰でもおいしく食べられる非常に優れた常備食です。電子レンジではなくお湯だと15分の加熱は必要ですが、水は消費しないので避難生活に合います。

■野菜はジュースでとろう

避難所生活が長期化してくると、ビタミン不足などの栄養バランスの乱れが目立ってきます。生野菜は手に入りにくくなりますから、野菜ジュースなどで上手に摂取しましょう。

■レトルトカレーをアレンジ

缶詰の魚の匂いは、レトルトカレーに混ぜて食べればまったく気にならず栄養満点のシーフードカレーになります。さらにケチャップを少し入れると深みのある味わいに。

■缶詰は非常食の王様

お気に入りの缶詰を常に家に用意しておけば、普段の生活で食べても楽しめます。加熱中の鍋のふたの上に置けば温めることもできます。

■米自体が常備食として優秀

備蓄食と考えると、米はそれだけで長期保存が可能で、あとは水と火があれば普段食べるのと同様に調理できるので、相当に優れた食材といえます。

■甘味も忘れずに

食べきりサイズの羊かんに、5年という長期保存が可能なものがあります。疲労の回復にはやはり甘いものは重要です。

常備食のローリングストック

常備食の賞味期限を元に更新のスケジュールを作って、定期的に消費していきましょう。例えばレトルトカレーの賞味期限は12〜24カ月。それを過ぎたらストックから取り出して、早めに消費しましょう。

■賞味期限はあくまで目安

日持ちする加工食品には賞味期限しか書かれていませんが、それを過ぎてもしばらくは食べられます。加工日から賞味期限までの期間の1.2倍を限度に消費しましょう。

■開封したらダメ

賞味期限はあくまで未開封であることが条件。開けてしまったら、風味が落ちたり湿気たり、場合によっては虫がついたりしてしまうので、なるべく早く食べてしまうこと。

145

ポリ袋で
節水クッキング

食材をポリ袋に入れて加熱調理するようにしておけば、水が汚れないので何度も同じ水でお湯を沸かして調理することができ、節水になります。

■水を汚さないポリ袋調理

食材をポリ袋に入れてから、お湯を沸かしたクッカーに投入します。水が貴重なときは、とくに有効な手段です。スーパーでもらえる薄いポリ袋でも二重にすれば可能です。

■同時に複数の調理が可能

1つのクッカーで、同時にいくつものポリ袋調理を行うことができます。水の節約だけでなく時短にもなって一石二鳥。ひとりずつ別々のメニューでもどんどん調理できます。ご飯も炊けるのでおにぎりを1つずつ直接手で触れずに作れます。

■保存袋としても

停電で冷蔵庫が使用できない場合でも、ポリ袋で密閉して外気に触れさせないようにすることで、保存期間が延びます。ラップでも同様ですが、食器を使わないので洗い物が増えず、断水時に◎。

1つずつのおにぎりも
袋ごと握れて
便利に使える

CAUTION 　**加熱時は注意**

●加熱しているときは口が開かないようにする
●クッカーに直接ポリ袋が触れないようにする

ポリ袋でエコ調理をしよう

食材をポリ袋で調理する方法です。同じお湯で繰り返し何度も調理ができるのでエコ。クッカーを加熱しながら調理をする場合は、ポリ袋が直接クッカーに触れないように注意しましょう。

■ポリ袋に食材を入れる

まずポリ袋に食材と調味料を入れてもみ込みます。ポリ袋の中で混ぜるので、手やボウルなどを汚さずに調理できます。空気を抜いて口をしばります。結び目は熱くても解きやすいように輪を作っておきましょう。

■クッカーでお湯を沸かす

クッカーの底に耐熱皿を沈めてお湯を沸かします。ポリ袋ごと加熱すると、クッカーの壁面などで熱を受けやすいので、耐熱皿の上で調理するようにします。耐熱皿が入って6割ぐらいの少なめのお湯で大丈夫です。

■ポリ袋ごと茹でる

クッカーの耐熱皿にポリ袋に入った食材をそのまま入れます。加熱しているうちにお湯が足りなくなってきたら水を足します。食材の色の変化がわかるので、頃合いを見て取り出します。

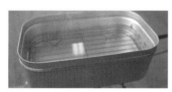

■すぐに次の調理へ

茹でたお湯はそのまま次の調理に使えるので、お湯が冷めないうちにどんどんポリ袋食材を加熱しましょう。複数の食材を同時に調理することもできます。

■バスタオルや毛布で保温

余熱調理をする場合は、火から上げてバスタオルと毛布などで包んでおきます。燃料の節約にもなりますし、温かいままおいしくいただけます。夏場はあまり長く放置しないように注意を。

●ポリ袋で節水・省エネ・時短で調理できる。
●ポリ袋を直接加熱しないように耐熱皿（または網）は必須アイテム。

147

密閉袋で炊飯しよう

開き口をジッパーで閉じられるタイプの密閉袋を使ってご飯を炊いてみましょう。加熱するクッカーのお湯を何度も使えるので、効率よく炊飯できます。密閉袋も数回繰り返し使えます。

■密閉袋でほかほか炊飯

密閉袋に、普通のご飯なら米1に対して水を1.2の比率でカップではかって入れます。おかゆや離乳食の軟飯なら1:2の割合に水を増やして入れます。違う柔らかさのご飯を同時に炊くこともできます。

> 米と水の分量は
> 目分量でも
> OK！

 CAUTION **加熱時は密閉袋をクッカーに触れさせない**

● 耐熱温度が120℃ぐらいのものを使う
● 電子レンジOKのものでも直接クッカーに触れさせない

少ない水で炊飯できる

密閉袋を使って炊飯すると、クッカーを洗う水を節約できます。加熱用の水はくり返し使え、飲料水でなくても大丈夫なので、節水には有効です。無洗米を使えばさらに少ない水で炊飯ができます。

■袋に無洗米と水を入れる

密閉袋に、無洗米とその1.2倍の水を入れます。この水は飲料水を使います。できるだけ空気を抜いて封をします。炊飯前に30分程度ひたしておくと芯が残りにくくふっくら炊けます。

■クッカーでお湯を沸かす

クッカーに、米の袋が7割程度浸かるくらい水を入れ（飲料水でなくてもOK）沸騰したら米の袋を入れます。袋がクッカーに直接当たらないように、クッカーは大きめのものを使い、鍋底には耐熱皿や網などを敷きます。

■中の水がなくなるまで煮る

密閉袋の中の水がなくなるまでクッカーで煮ます。15分ほどが目安となります。クッカーから出して10分ほど蒸らしたらできあがり。食器を使わずそのまま食べればさらに節水になります。

■外のお湯を再利用できる

クッカーのお湯はくり返し使えるので、連続してどんどん炊飯することもできて燃料の節約にもなります。炊いたご飯はあとでまた袋ごと加熱できるので一度に多めに炊くのもいいでしょう。

●無洗米を使って、袋のまま食べれば節水になる。

●クッカーで煮るお湯は、飲料水でなくてもOK。

水不足とゴミ問題

災害時はインフラが麻痺していることが多く、水不足やゴミ問題に直面することもあります。復旧が進み従来の生活基盤が戻るまでは、知恵をしぼって乗りきりましょう。

■ゴミは増えるが回収に来ない

避難所生活では大勢の人が集まっているため、相当な量のゴミが排出されますが、すぐにゴミ回収が始まるとは限りません。とくに悪臭の元になる生ゴミはできるだけ少なくする必要があります。

■飲料水以外の水がない

生命維持に直接かかわる飲料水についてはペットボトルの備蓄などが配給される可能性がありますが、断水している場合、調理や洗い物など日用に使用する水の確保は難しくなります。

■お皿にラップで汚れ知らず

たとえば、お皿にラップやクッキングシートを敷き、食後はそれらをはがして捨てれば洗い物の量を減らせます。また、紙皿にもラップを使って再利用すれば、ゴミ自体の量を減らすこともできます。

> 水の不足とゴミが
> たまる問題は工夫が
> 必要になる

CAUTION **インフラの復旧まで工夫で耐える**

● 飲料水以外はできるだけ使わない（減らさない）方法を考える
● 節水の工夫はゴミ減にもつながる

節水とゴミ減のエコライフ

インフラのトラブルをカバーするには、避難者ひとりひとりの工夫の積み重ねが必要です。キャンプでつちかったテクニックで、水を節約し、ゴミを減らして、エコな避難所生活を送りましょう。

■洗い物を減らす

ポリ袋などに食材を入れて調理をすれば洗い物をしなくてすみます（P146）。皿も1枚にまとめて盛り付けるなどの方法で洗い物自体の数を減らしていくことはすぐにできるでしょう。

■洗う前に紙で拭く

水で洗う前に、まずキッチンペーパーなどで汚れを拭き取ります。少ない水でもきれいに洗うことができ、衛生も保たれます。紙は焚き火をするときに燃やせます。食器を重ねないのも◯。

■ため水洗いのテクニック

まず、洗い桶を3つ用意します。1つ目の桶には2リットルの水に対して台所用洗剤を小さじ1/3ほど入れ、食器を洗います。2つ目の桶には水だけを入れて、ここで1の食器をすすぎます。3つ目の桶にも水だけ入れて仕上げのすすぎをします。次回は2つ目の桶の水に洗剤を入れて第1の桶として使います。このように1つずつずらしていけば1回に使うのは桶1杯の水だけですんで節水になります。

断水時に水を確保する

限られた飲料水を、洗い物などの日用に使うわけにはいきません。口にしない水は、雨水や川の水などを活用して、上手に水を節約しましょう。また一見きれいな湧き水でも生水をそのまま飲むのは避けましょう。

■雨水をためる

悪天候なら雨水をためるのは簡単。タープなどを張り、下げた角からロープをポリタンクやバケツに垂らしておけばすぐにたまるでしょう。大気中のチリなどが含まれるので飲用には適しません。

■川の水や湧き水のリスク

一見きれいな川の水や湧き水も、ゴミや雑菌、有害物質が含まれています。そのまま使うのは手洗いや洗濯までにして、生水は口に入れないようにします。

■浄水器があれば飲用にも

雨水や川の水でも、浄水器を通してから煮沸することで飲用にもすることができます。携帯用浄水器にはフィルタータイプとボトルタイプがあります（P42）。

避難生活時のアイデア料理

備蓄品や配給される食料は炭水化物に偏りがちで、避難生活ではたんぱく質や野菜不足になります。ここでは手軽に栄養補給できる、常温保存可能な豆乳や野菜ジュースを使ったアイデア料理を紹介します。

■ビーフンナポリタン

<材料(1人分)>

ビーフン	75g
おつまみサラミ	4枚
おつまみドライチキン	2枚
野菜ジュース	200cc+50cc
水	100cc
フライドオニオン	大さじ2
コンソメスープの素	1袋(4g)
ハーブソルト	適量
┌ パルメザンチーズ	適量
A ドライパセリ	適量
└ 粗挽きこしょう	適量

<作り方>

❶袋の中で、ビーフンを半分くらいに折っておく。

❷フライパンに水、野菜ジュース200cc、❶を入れ、全体を混ぜてしばらくおく。

❸適度な大きさにカットしたサラミ、チキンとコンソメ、フライドオニオンを加え、全体を混ぜる。

❹❸に野菜ジュース50ccをまわしかけ、中火でほぐしながら汁気が若干残るくらいまで炒める。

❺ハーブソルトで味を調える。Aをふってできあがり。

■ おつまみクラムチャウダー

＜材料（1人分）＞

おつまみ貝類	3g	コンソメスープの素	
おつまみイカソーメン	3g		1/2袋（4g中2g）
おつまみスモークサーモン	2g	豆乳	150cc
おつまみサラミ	2枚	水	50cc
フライドオニオン	小さじ1	こしょう	適量
ポテトチップ	3枚		

＜作り方＞

❶おつまみ食材を適度な大きさにする。

❷鍋に❶、フライドオニオン、ポテトチップ（砕いて）とコンソメを入れ、水を入れたら全体になじませて10分ほどおく。

❸豆乳を入れ、弱火にかける。沸騰直前に火をとめ、こしょうをふってできあがり。

■ カンパンチヂミピザ風

＜材料（1人分）＞

カンパン	10個	パルメザンチーズ	大さじ2
野菜ジュース	適量	ドライパセリ	適量
おつまみドライチキン	2枚	ドライトマト	1個
フライドオニオン	大さじ2	こしょう	適量

＜作り方＞

❶袋にカンパンを砕いて入れる。

❷❶にフライドオニオン、おつまみドライチキンとドライトマトは適度な大きさにして入れ、野菜ジュースを具がひたるくらい入れて10分ほどおく。

❸❷にパルメザンチーズ、ドライパセリ、こしょうを入れて混ぜる。

❹フライパンにクッキングシートを敷き、❸を丸い形に整えたら、弱火～中火で焼く。

❺❹を返し、火をとめてもう一度返し、フライドオニオン、パルメザンチーズ、ドライパセリ（それぞれ分量外を好みの量）をかけてできあがり。

■ ミネラルしるこ

＜材料（1人分）＞

フリーズドライおしるこ	1個
ドライフルーツ	適量
ナッツ	適量
豆乳	150cc
カンパン	2個

＜作り方＞

❶カップにドライフルーツ、ナッツ、フリーズドライおしるこを砕いて入れる。

❷豆乳を鍋で沸騰寸前まで温める。

❸❶に❷を注ぎ、よく混ぜておしるこを溶かす。

❹❸にカンパンを砕いて入れてできあがり。

防災から、応災、能災へ

　2011年3月11日、私は神奈川県三浦半島にある自宅で地震に遭いました。これまでにない大きく長い揺れは家屋が倒壊してしまうのではないかと思うほどで、地震がおさまると家の前の海はみるみる潮が引いて海底が露出し、これはただごとではないということだけは理解できました。それからの数カ月はまるで悪夢を見ていたかのようでした。何かしなければと焦る気持ちと事態の全容が掴みきれない不安で硬直した時間だけが過ぎていきました。

　そんななか、テレビでは避難所の様子が映し出されるのですが、冷たい床に段ボールを敷いて何枚も重ね着をして寒さをしのぐ人たち、水の配給に長い列を作って待ち続ける人たち、薄いシートで仕切られたプライベートもない生活を強いられる人たち。

　そこに温かいシュラフやマットがあれば。携帯浄水器があれば。自分で煮炊きできるバーナーやクッカーがあれば。高機能なアウトドアウェアがあれば。そういうものを知っているだけに歯痒い思いをしたのです。当然、自分の持つ道具だけでは解決できるような規模ではありませんし、救援物資もなかなか満足に届くような状況でもありませんでした。

　アウトドアの知識や道具があれば、もっと快適で豊かな生活が送れるのに。日本中の人がどこでもキャンプができるアウトドアスキルを持っていれば、どんなことが起きても大丈夫だ。そんな思いで翌年からアウトドアの仲間と活動を始めました。火をおこすことや少ない水で温かい食べ物が得られる方法をわかりやすく一般の方に体験してもらうワークショップです。しかし、多くの方にとってそれは特殊な技術で一般性がない、という現実を思い知らされました。ひとりよがりだったのかと自問自答していくなかで、万人向けである必要はないという心境に至りました。アウトドアを始める人がひとり増えれば、水の配給に並ぶ人がひとり減る、それは同時にアウトドアができない人の助けにもなることだと気づいたのです。

　全員ができなくとも、ひとりでも多くの人がこの技術や道具を身につ

けることが全体の助けになる、そう思えたとき自助と共助は同じ意味なんだと感じられました。

　そんな思いで地道な活動を続けながらも仕事では北欧に出向く機会が増え、北極圏の先住民の生活スタイルやスカンジナビアのアウトドア文化に触れるにつれ、厳しい自然環境の中で火をおこし、飲料水を得て、温かな住まいを確保するということは人間の根源活動だという確信を得ました。防災というのは一時的な対処であって、その先にある暮らしや生をつなぐことが人間本来の営みである。よりシンプルに、便利より合理に、手間を惜しまず手を使うアウトドアスキルを伝えていこうと気持ちが変化していきました。

　折しも今、アウトドアが大人気です。ひと昔前のレジャーアウトドアのみならず、ナイフで火をおこしたり、道具を自作するような文化も育まれています。多くの方はいくつもの災害を通じてアウトドアスタイルの奥にある『生きる力』に惹かれているのだと思います。

　僕らが夢見たアウトドア防災時代がすぐそこまで来ているのです。

東日本大震災後、自治体や消防署などと連携をして、焚き火での煮炊きや浄水器で飲料水を得る方法を伝えるワークショップを展開した。

防災という言葉に抵抗を持つ人は少なくないでしょう。災いは人間の力で防ぐことは困難です。減災というほうがしっくりくるかもしれませんね。アウトドアを防災に役立てようという人たちのマインドとしては『応災』、もっと能動的に『能災』、なのかもしれません。

　そもそも人が災害を認識したのは弥生時代からだそうで、それ以前の縄文時代にはその概念がなかったといいます。決してその時代に災害がなかったのではなく、狩猟を糧とした移動型の縄文時代はその日暮らし的で所有しているものがなく、災害によって失うものが少なかったと想像できます。地震や台風も、雨や雷といった自然現象のひとつだったのかもしれません。その後の弥生時代は農耕を始め、蓄えるということを覚えるとともに災害でそれを失うという気持ちを味わい、それらの現象を災害と認識し始めたということです。つまり人が富や財産を持てば持つほど災害に対する不安は大きくなるというなんとも皮肉な話です。

　地球の営みである地殻変動に加えて人間の経済活動が原因とされる気候変動により、今後さまざまな自然災害が発生するといわれています。

　私たちは科学的な対処に期待を寄せるのみならず、自分たちの生活を見直さなければいつまでも大きな災害と生活をともにしていかなければなりません。

　私は現在、鎌倉で毎月スタディトレッキングというワークショップを行っています。小型の浄水器と火がおこせるナイフと焚き火で湯沸しができるケトルを持って、近隣の山をトレッキングするのです。そこで燃料を拾い、湧水をくみ、それを浄水して自らおこした火で煮沸し、ペットボトル一本ほどの水だけでご飯を炊いてランチを作り、お茶も飲んで水分補給をするのです。一日歩いて消費したエネルギーを食物や水分で取り戻し健全な体温を維持する、生きるためのツアーです。ここに凝縮された知識や技術はトレッキングという消費体験をともなってその人の知恵となるのです。

　また、幼稚園児にナイフの使い方と火をおこすことを教える教室も行っています。古代に人が火や刃物といった道具を得て、豊かになった食環境から脳や身体を作り、長い年月を生き延びてきた話をしたうえで、ナイフや火の取り扱いを半年ほどかけてじっくりと学んでいきます。そ

幼い子どもにはまだ理解できないかもしれないが、先人から得た知恵を後世に伝えていくことが、今を生きる我々の務めではないだろうか。

のルールやマナーはアウトドアならではの理にかなったもので、危険だと思っていたものが一番大切なものに変わるのです。大昔に人の手から生まれたもの、いくつもの災害を経験した我々は再びそれを自らの手に取り戻すときがきたのだと思います。

　次にどんな災いに見舞われるのか誰にもわかりませんが、ひとつ確かなことがいえるとすれば、それに向き合うのは過去の自分たちではないということです。先人からたくさんの知恵を受け継ぎ、経験から多くのことを学びました。本書を通じてそのことに気づき、備える（プリペア）と備わる（インストール）ができたなら、それを次の世代の子どもたちに伝えて（コミュニケイト）いきたいと思います。みなさんがこれからも自然の中でアウトドアを楽しみ、人生を豊かなものにできますように。

2021年2月　寒川 一

持ち出し品リスト

このリストは本書のオススメで、必ずしもすべてが絶対必要ではなく、家族構成や周囲の環境に合わせてカスタマイズしましょう。

常時持ち出し品

- ☐飲料水　☐携行食（菓子など）　☐ホイッスル、反射鏡
- ☐ヘッドライト（懐中電灯）　☐携帯電話（携帯ラジオ）　☐モバイルバッテリー
- ☐身分証明書（コピー）　☐現金　☐筆記用具（油性ペン、メモ帳）
- ☐ティッシュペーパー　☐ハンカチ（バンダナ）　☐マスク

一次持ち出し品

- ☐ザック（持ち出し品を入れる）　☐飲料水（2ℓ×人数分）
- ☐浄水器　☐食料（1日分）　☐エマージェンシーシート
- ☐ヘルメット、防災頭巾　☐手袋（作業用）　☐運動靴　☐衣類（下着、靴下）
- ☐防寒具（アウトドアジャケット）　☐タオル（数枚）
- ☐雨具（上下別またはポンチョ）　☐ナイフ、マルチツール　☐補修キット
- ☐ライター（マッチ、メタルマッチ）　☐金属製のカップ
- ☐ポリ袋（小5枚ほど）　☐ロープ（8m～）
- ☐レジャーシート（難燃シートがベスト）　☐ソーラーバッテリー
- ☐予備の電池　☐使い捨てカイロ　☐歯磨きセット　☐ウェットティッシュ
- ☐携帯トイレ　☐トイレットペーパー　☐ファーストエイドキット
- ☐貴重品類（預金通帳、印鑑、保険証のコピーなど）

二次持ち出し品

- ☐飲料水（2ℓ×人数×3本）　☐野菜ジュース
- ☐食料7日分（レトルト食品、インスタント食品、缶詰など）
- ☐ランタン、灯り　☐ポリ袋（大小10枚ほど）　☐衣類
- ☐スリッパ、サンダル　☐毛布、寝袋、スリーピングマット
- ☐クッカー、バーナー、ガス缶（7本）　☐食器、カトラリー類
- ☐ケトル、保温ボトル　☐キッチンペーパー　☐ラップ、アルミホイル
- ☐石鹸、ドライシャンプー　☐テント、タープ　☐焚き火台（ウッドストーブ）
- ☐焚き火道具　☐スコップ　☐工具
- ☐遊びの道具（小さい子どもと避難する場合）　☐キャリーカート

参考文献・資料

『日本人は大災害をどう乗り越えたのか』（朝日新聞出版）

『アウトドアテクニック図鑑』（池田書店）

『すぐに使えるロープワーク便利帳』（池田書店）

『図解　応急手当ハンドブック』（日本文芸社）

『たのしく防災！ はじめてのキャンプ』（ＮＨＫ出版）

『東京防災』（東京都総務局総合防災部）

『熱中症環境保健マニュアル2018』（環境省）

https://www.wbgt.env.go.jp/heatillness_manual.php

『救急搬送における重症度・緊急度判断基準作成委員会 報告書』

（財団法人 救急振興財団）

http://www.fasd.or.jp/tyousa/hanso01.pdf

『救急蘇生法の指針2015（市民用）』（厚生労働省）

http://www.city.kariya.lg.jp/kurashi/kenkoiryo/oshirase/aed.files/a.pdf.pdf

『防災情報のページ』（内閣府）

http://www.bousai.go.jp/index.html

『ヘルシスト220号』（株式会社ヤクルト）

https://www.yakult.co.jp/healthist/220/

『ネスレのなぜなにコーヒー Vol.8』（ネスレ日本株式会社）

https://www.nestle.co.jp/stories/nestle-naze-vol8

『飲料アカデミー』（日本コカコーラ株式会社）

https://www.cocacola.co.jp/article/caffeine_04

『血友病性関節症のメンテナンス体操』（一般社団法人日本血液製剤機構）

https://www.jbpo.or.jp/crossheart/maintenance/introduction/

本書に掲載している避難方法や救急方法、道具などの情報は2021年1月現在のもので、変更になる場合があります。とくに避難に関するガイドラインについては、各省庁や自治体のホームページなどで最新情報を確認するようにしてください。

監修	寒川 一
ブックデザイン	加藤 弾（gaimgraphics）
イラスト	清水将司（gaimgraphics）
撮影	見城 了
写真提供	糸魚川美山プロジェクト
料理レシピ協力	寒川せつこ
執筆協力	原田晶文
構成・編集	渡辺有祐（フィグインク）
校閲	フライス・バーン
DTP	グレン

キャンプ × 防災のプロが教える

新時代の防災術

2021年3月16日　第1刷発行
2024年2月19日　第4刷発行

発行人	土屋 徹
編集人	滝口勝弘
編集担当	酒井靖宏
発行所	株式会社Gakken
	〒141-8416　東京都品川区西五反田2-11-8
印刷所	大日本印刷株式会社

●この本に関する各種お問い合わせ先
本の内容については、下記サイトのお問い合わせフォームよりお願いします。
https://www.corp-gakken.co.jp/contact/
在庫については　Tel 03-6431-1250（販売部）
不良品（落丁、乱丁）については　Tel 0570-000577
学研業務センター　〒354-0045 埼玉県入間郡三芳町上富279-1
上記以外のお問い合わせは　Tel 0570-056-710（学研グループ総合案内）

学研の書籍・雑誌についての新刊情報・詳細情報は、下記をご覧ください。
学研出版サイト https://hon.gakken.jp/